「素顔の国際結婚」の今

世代をつなぐ国際家族のリアル

国際結婚を考える会 ＪＡＩＦ［編］

明石書店

はじめに

コロナ禍の真っ最中、二〇二〇年の晩秋の頃、遠く琵琶湖を望むとある山荘で今回の出版企画案が生まれました。その日は「国際結婚を考える会」の同窓会でした。四〇年も昔、国際結婚をし、母国を離れ、異国の地に住み、仕事をし子どもを育て、その後、お連れ合いともども京都に永住帰国した二名の元会員と遠方から駆けつけた会の創始者ら総勢一一人での集まりでした。

一九八〇年代の初めといえば国際結婚はまだ少数で、当時、日本人の母親から生まれた子どもには日本国籍が与えられず、「なぜ日本人である自分の子どもに日本国籍が与えられないのか？　それはおかしい」と憤り、また外国人夫の滞在資格をも求めて、七人の女性たちが「国際結婚日本女性の会」（翌年「国際結婚を考える会」に名称変更）を立ち上げて、法務省に要望書を出すなどして国籍法改正の訴えをおこしました。その後、日本が女子差別撤廃条約を批准したことも追い風となり、一九八四年に「父母両系血統主義」が成立し翌年施行され、日本人の母から生まれた子どもたちも晴れて日本国籍を与えられるようになりました。そんな法改正に尽力した当時の会員らで作られた手書き会報を眺めながら、懐かしい思い出話に花を咲かせたのです。

そして、自ずと、一九八六年に当会から出版した『素顔の国際結婚』が話題となりました。三五名の当時の会員らのエッセイが綴られていますが、戸惑いながらも異なる言語や習慣などに触れる喜び、新たな価値観に対面する「自己発見」、バイカルチャーの子どもへの想いなどが実に生き生きと描かれています。前書きには創始者の一人であり、当時の編集に携わった、もりきかずみさんが「わたしたちはちょうど国際結婚が普通になるまでの過渡期の始めにいるのかもしれない」と記しています。その日たまさか参加していたもりきさんが、それぞれの、今に至る多彩な話を聞いているうちに「国際結婚」は今、どうなっているのだろうということが頭によぎったのか、突如、『素顔の国際結婚』の続編を出そうよと言われたのです。

つらつら考えてみるに、国際結婚の変移や国籍法についてなどは、データや資料や論文、記事などに数多く書かれていますが、今の時代の「国際結婚」が実際どうなのかは、やはり当事者たちの生の声を聞いてみない限り本当のところや本音はわかりません。もちろん、私たちは満場一致で賛成こそしたのですが、その後しばらくは、誰もそのことを口にすることもなく時間だけがただただ過ぎていっていました。

そうこうしている内にコロナ禍が世界中に猛威を振るい、またたく間に日本も国境が閉鎖され、「国際家族」にとって未曾有の悲劇が襲いました。二〇二〇年四月からの水際対策強化で、在留資格を持つ外国人らも再入国禁止になり、配偶者に長期間会えない、また外国籍を取ったため日本国籍を奪われ、日本人として扱われず入国できずに母親の死に目に会えなかった、国籍喪失届を出していないのですぐ帰国できないなどの悲痛な声が次々に聞こえてきました。そして、二年ほど鎖国状態は続いたのですが、今振り返ってみるに、このパンデミックの最中、理不尽な出来事が続けざまに降りかかってくるのを知るにつれ、このような不条理な法律は黙って見過ごすわけにはいかない、世間の人にもっと訴えていかなければという怒りにも似た思いは、「国際家族」である誰もが同じ思いを抱いたと思います。それが引き金となり、今回の「続編」作りへと有志たちが動き出したのです。それから二年ほど経ってしまいましたが、数人の有志たちと多くの執筆者の協力によって本書ができあがりました。

第一章は五名の若い世代の国際結婚をした方たちによる座談会ですが、配偶者の国籍も多様化している今の若い世代の結婚観を読み解くとても良い機会となりました。第二章からはオムニバス形式で二五名の方の国際家族としての本音がそれぞれ語られています。国籍喪失された方の怒りと悲しみや、留保届が一日遅れただけでお子さまが日本人になれなかった方の口惜しさ、国際家族における子どもの教育や夫への想いなど感動的な原稿などが満載です。あまりにも率直な熱い言葉のはしばしに、私たち編集委員らも共感し胸を詰まらせながら校正作業を進めたことが幾度もありました。また、四〇年前『素顔の国際結婚』に執筆された古参の方たちからは、四〇年という時間の流れを沸々とさせられる原稿が届いて、読んでいるうちに、万感胸に迫ってくるものがありました。

この本の企画中にも、政府は人口減少と少子高齢化による労働力不足を危惧し、子育て支援や幾つかの移民受け入れの施策を慌てて打ち出してきました。現に日本の人口は二〇五〇年には一億人を切り、GDPは下がり続け、経済は疲弊し亡国になるとも言われています。そんないささか暗い未来予測がされているというのに、在外邦人の日本国籍を剥奪したり、日本ルーツの子どもなのに国籍喪失させられたりという不条理な事実を目のあたりにすると、いつまで国籍唯一の原則に縛られているのかと本当に歯痒くなります。言ってみれば、そんな彼らこそ、有能なグローバル人材であり、日本と他国の架け橋になる「親善大使」であり、日本崩壊の歯止めの一役をを担う存在になるかもしれないのに、という悔しい思いがよぎります。

このように本書は、「国際家族」の実態を知っていただくとともに、いま直面している問題などについて、少しでも皆様に理解していただきたいという切なる思いで企画いたしました。そして、これからの国際化社会、世界平和に向けて少しでも糸口が見出せるような一冊になれば幸いです。

「素顔の国際結婚」の今——世代をつなぐ国際家族のリアル　編集委員一同

「素顔の国際結婚」の今——世代をつなぐ国際家族のリアル ◉目次

第三章　家族のありよう

第四章　シニアライフの迎え方

第五章　第二、第三世代からのメッセージ

凡例：各執筆者名・座談会参加者名の後に書かれているのは、その方の関係国・地域です。本書にある漫画は「国際結婚を考える会ＪＡＩＦ」インスタグラムに掲載しています。漫画・イラストは漫画家の丸井一花氏によるものです。
https://www.instagram.com/kokusaikazoku.jaif/

第一章　未来を見つめる若者たち

若い国際家族の方々に座談会に参加していただき、配偶者の方のことや、現在そして今後の生活などについていろいろなお話をしていただきました。五人の若い国際夫婦の皆さんから国境を越えた結び付きが感じられます。

座談会

国境を越えた結び付き

リード眞澄

私たち編集委員は、国際結婚が時代とともにどのように変化しているか知りたいと思い、書籍の出版を企画しました。「国際結婚を考える会」が創設され、『素顔の国際結婚』が出版された四〇年ほど前と比べて、現代、結婚したばかりの若い国際カップルがどのような考えや価値観を持っているか話を聞くのは大変興味深いのではないか、国際結婚がどう変化してきたかなどについて知りたいという発案が、この座談会に結び付いたのです。「国際結婚を考える会」の会員は、結婚後十数年から四〇年ほどになる方が多く、若い国際カップルの経験談には大変興味がありました。また、本書をお読みくださる方々も、いろいろな世代の国際カップルに関心をお持ちなのではないでしょうか。座談会では、外国人配偶者の方と知り合って結婚することになったきっかけや、家族や友人の反応、居住地を決めた理由、そして文化や習慣が異なる配偶者と一緒に生活する上で感じていること、考えていることなどをお話しいただきました。また、配偶者はそれぞれ違う国の出身であることから、国により異なる制度（国籍法やビザなど）の壁に遭遇した経験なども話題になりました。

結婚して間もない方々から、国際結婚の楽しさやチャレンジについてもいろいろな意見が出されました。配偶者と自分の文化や社会、習慣や言語などの違いに関するコメント、現時点で日本に住んでいる方々が考えている今後の拠点、将来挑戦したいと思っていることなどです。特に印象に残ったのは、文化や言語が異なるために難しい点があるものの、相手と自分が「違う」という意識から、違いを認めやすくなり、逆に関係が良くなること。これは結婚の年数が短くても長くても共通する考え方ではないかと思います。

将来配偶者の国に住めるよう、仕事の面で考慮している人もいる一方で、配偶者の国での国際結婚が難しいため、拠点は日本となり、日本での配偶者の仕事を考える必要がある方もいます。配偶者の国が与える影響はかなり大きいのではないでしょうか。

若い国際カップルの方々の発言により、私たち国際家族、そして読者の方々にとって、国際結婚に関する新たなイメージが提供されることと思います。

座談会参加者：新井順子　中国人の夫と中国在住。渡辺美穂子　ブータン人の夫と日本在住。三好郁也　リトアニア人の妻と東京在住。岩井悠太　ドイツ人の妻と関西在住。櫻井綾子　ポーランド人の夫と東京在住。

司会：リード眞澄　アメリカ人の夫と結婚して四一年。日米の拠点を行き来。

配偶者と出会ったきっかけ、居住国など

司会　皆さん、座談会にご参加ありがとうございます。まずは自己紹介、そして配偶者の方と出会っ

たきっかけ、居住国、皆さんのご結婚に対するご家族や友人の反応など、お話しいただけますか。

新井　私のパートナーは中国人で、大学に留学に来ていた彼と知り合って、交際をはじめました。彼は学年が一つ上だったので、先に修了して帰国するタイミングで、コロナ禍でもお互いの国に行き来ができるように、ビザのことも考えて、二〇二二年六月に入籍しました。私の家族は大丈夫だったんですけど、彼の家族が反対していたので、そのまま了承を得ずに、日本で結婚しました。二〇二三年三月に私も大学院を修了して、中国に移住しました。今回は仕事があって、地元に帰ってきているのですが、夫はまだ中国にいます。

司会　新井さんのこれからの居住国は?

新井　基本的に中国が拠点になると考えています。

渡辺　初めまして、渡辺美穂子と申します。私の夫はブータン出身です。入籍したのは二〇二三年の三月なので、まだ半年経つか経たないかくらいなんですけれど、出会ったのは二〇一八年で、夫は、バンコクで仕事をしていて、私はそのとき出張でバンコクに行きました。私たちの共通の友人、ブータン人が一人いるんですけれど、「バンコクに行くなら、今、この人に連絡したらいろいろ良いところに連れてってくれると思うよ」っていうことで、連絡をしたことがきっかけで、交際することになったんです。ところがコロナが蔓延しはじめたので、なかなか行き来ができなくなっ

新井さん（右）と中国人の夫。
旅行先の市場で（廈門）

て、最初は会える場所で会える時に会おうということで、交際をはじめたんですけれど、三年間も会わなかったんです。このまま別々に住んでいると、もう一生別々かなと思ったので、それが大きなきっかけになりまして、結婚を意識するようになりました。彼がもう日本に行っても良いよということだったので、ブータンでは国際結婚をするのが結構難しく、インタビューされて、ダメな場合もあるので、だったら日本ではじめてみようということで、二人の生活をスタートさせました。今、夫は日本語を勉強中で、これから仕事を見つけて、日本で頑張っていこうと思っております。

司会　ブータンでは国際結婚が難しいのですね。そのことをご説明くださいますか。

渡辺　国際結婚するには、ブータンにある裁判所に面接に行かないといけないんです。面接に来ても良いと言われるまでに、出す書類もたくさんあるんですが、その面接は一年に一度しか行われなくて、そのアナウンスは面接の一か月くらい前に急にパッと出るので、準備が間に合わなかったりすることがあります。今年のインタビューは一月で終わってしまったので、ちょっと難しいなと思って、日本での生活をはじめました。

三好　三好郁也です。僕の奥さんはリトアニア人で、東京で一緒に暮らしています。知り合ったのは大学時代です。奥さんが僕の大学に交換留学生として来日していました。僕たちは、九年間の交際を経て結婚しました。

実は付き合いたての頃は、彼女の帰国と同時に別れることを前提にお付き合いしていました。就活生だった僕たちは母国で就職活動をする予定だったので、日本とリトアニアの遠距離恋愛が上手くいくとは想像できなかったからです。でも、彼女が帰国した後も毎日連絡する日々が続き、難しいけれど遠距離にチャレンジしよう！　という流れで、遠距離恋愛をはじめました。日本とリトアニアでの一年半の遠距離恋愛を経て、奥さんが、日本での仕事を見つけてくれて、一緒に暮らせるようになりました。

結婚する時の家族の反応は意外とアッサリでした。僕の家族は「まあ、良いじゃない？」という反応でした。奥さん側もメッセンジャーで「あたし、結婚するわ」みたいな連絡で終わっていました。なので、結婚する上でのトラブルはなかったです！

現在は日本で暮らしていますが、これから自分たちの子どものことを考えると、年に一回か二回はリトアニアにも滞在できる働き方や生活をしたいと思っています。

岩井　岩井悠太です。えっと、妻はドイツ人の女性で、出会ったきっかけは僕がドイツに一年間留学していた時に、現地の大学で日本語を勉強していたのが彼女で、そこの交流会で知り合いました。で、付き合ったのは日本に帰国してからで、二〇一五年から四年間交際して、二〇一九年に籍を入れました。僕も三好さんと同じく遠距離交際を結構はさんでいて、日本で付き合ってからは、一旦彼女は大学院を卒業するためにドイツに帰って、一年遠距離をしたのと、今度は日本で一緒に住んでから、今、京都に住んでるんですけど、彼女が望む仕事がなかったので、彼女が三重県で働くってことで、その間、一年、週末婚みたいな形で週末だけ会うっていう関係を経て、今は二人で京都に住んでます。で、結婚に際しても、まあ、特に反対等もなく、いろんな外国人を僕が家に連れて行っていたこともあって、彼女もその友だちの一人として両親が認識していたので、特に騒ぐこともなく、それで、向こうの親御さんに関しても特に何もなく、っていう形で、今に至ります。で、将来的にはドイツに住むことを視野に入れているので、僕は働くところを選ばないって形で、フリーランスでＳＮＳの仕事をしているんです。それから、この一二月に子どもが生まれる予定です。

櫻井　櫻井と申します。よろしくお願いします。私にはポーランド人の夫がいるんですが、知り合ったきっかけは、シェアハウスです。シェアハウスに住んでいてそこで知り合いました。最初は特にお互いに興味もなかったんですが、シェアハウスに住んでいて、お互いに関心を持って付き合うようになったんです。えーっと、結婚を決めたきっかけっていうのは、何でしょうね、付き合っていて、今までお互いが、いちばん自然体でいられるね、みたいなことで、まあ、外国人であったけれど、向こうにとっても私は外国人であったけれど、お互い性格が合っているということで、結婚することになったのかなと思います。あと、家族とか友人の反応についてですけど、私も皆さんと同じで、結婚するよって言っても親からの反対もなく、また、シェアハウスに住んでいたっていうこともあって、結構まわりが国際恋愛とかしていたので、友だちもあんまり反応することもなかったです。あと、私は日本で仕事があって、まあ、ポーランド人の夫はパソコン一つで仕事ができますし、日本が好きということで、今のところ、居住地は日本にしています。

配偶者との違いと繋がり

司会　それでは次のトピックに移りたいと思います。ご夫婦間の違い、国籍が違うとか、外国人同士だとか、そういうことよりも、人間同士という繋がりみたいなものを感じることがあると思うんですね。特に、背景がいろいろ違うからこそ、逆にそう感じることもあるかなと思います。相違点のことですけれども、やはり文化とか、習慣とか、もちろん母語が違いますよね。それに対してどう対応しているか、それから、配偶者の国籍が違う場合、日本人同士の配偶者とどのように違うかということ、また、夫婦別姓ですとか、同性婚を日本は認めていませんけれども、そういうことに関してどうお思いか、皆さんのご意見をいただけたらと思います。

新井　私からはビザについて、お伺いしたいです。日本と中国間は、今はビザなしでの入国ができません。なので将来的には、お互いに永住権を持っていることがいちばん良いんじゃないかな、と思っているのですが……。たとえば中国人のパートナーが日本の永住権を取る場合、結婚して三年、日本に住んで一年、あとは年収が三〇〇万円ほどという基準があるので、結婚して日が浅く、大学院を出たばかりの私たちにはすごく負担になっています。私が中国の永住権を取るのは、もっと厳しいです。もし良ければ、皆さんは永住権を持っていらっしゃるのか、またパートナーのビザに関して教えてもらえたらと思います。

司会　今、新井さんがおっしゃったことについて、どうでしょう、皆さん、永住ビザが取りやすいですか。渡辺さん、ブータンは国際結婚が難しいというお話でしたが、ビザに関して何かご存知のことがありましたら、お願いします。

渡辺　ビザに関しては、ブータンは、昔、鎖国と言いますか、全然国を開いていなかった時期が現在にも影響を与えていて、以前国を閉じていたことも関係していると思うんです。たとえば、結婚するために、パスしなければいけないインタビューに二人で行くんですけれど、ブータン人側に質問する方が、「ブータン人じゃない人と結婚すると、これだけ良くない点がありますよ」とインタビューで言われるって聞いていて、たとえば子どもが生まれた時にその子どもがブータン人として認められないとか、なかなか私から見たら厳しいと思う制度がいっぱいあるので、できたらいつか日本で夫の永住権が取れたらなと思うんです。やっぱりその辺りは制度の違いをすごく感じまして、夫の配偶者ビザは日本でついこの間取ったばかりなんですけど、その時、さっき新井さんがおっしゃっていたみたいに、私の年収とか、そういうこともいっぱい見られて、二人が良いって言うだけじゃ住めないんだな、とその時に思ったので、たとえば私の年収がその時に平均よりも上か下かとか、それに、下の場合、私たちは下でも良いんですよっていうのは、それは、私たちだけの話なんだなと。一般的な平均より収入が低いと、生活が苦しそうだと見られること、一般的に、これくらいの年だったら、これくらいの年収を取らなければいけないのかなと、そのとき思ったので、そういう点があまり自由ではないなと感じました。

司会　渡辺さん、ご主人の配偶者ビザの有効期間は？

渡辺　はい、ビザは一年有効で、毎年更新しなければなりません。やはりこういうことをはじめてから、いろいろ考えさせられることがありました。

司会　やはり配偶者ビザの年数が違いますよね、出身国によって。では、三好さん、いかがですか。ビザに関して少しお話ししてください。

三好　僕の場合は、奥さんが日本に来ているパターンだからかわからないのですが、あんまりビザのことについて、がっつり話をしたことがありません。結婚する時に、僕の方で調べましたが、何も行動してないです。年に一度、奥さんは就労ビザの更新をしています。ビザの更新は面倒そうだなと感じるぐらいで、生活上の不便はあまり感じていないです。新井さんと渡辺さんの話を聞きながら、自分が海外に行く側になると、意識も変わってくるのかなって感じました。お二人の話を聞きながら、ビザへの意識に対する危機感のギャップを感じました。

司会　そうですね、三好さんご本人がビザを取らなければいけないという訳ではありませんから、その辺が大きな違いですね。でも一年に一回入管に行かなければならないというのは、ものすごく面倒でしょう。それってやはり経験してみないとなかなか実感が湧かないですよね。

岩井　そうですね、僕もビザに関してはあまり普段から話すことがなくて、今、妻は配偶者ビザで三年のものを取っているんです。一回永住権も目指そうかということにもなったんですけど、ドイツに移住する可能性があるので、逆に永住権を持っていると、何かの期間ごとに日本に帰んなきゃいけないみたいなことが、確か、調べたらあって。なので、今は取らずに、配偶者ビザで進めていこう、という感じの軽い話しかしてないです。僕も三好さんと同じく、やっぱりこれは、パートナーの国によって本当にいろいろ違うんだなって、今、結構わかってきて、まあ、そうですね、いずれは何かしらビザはぶち当たる問題になると思っているので、ちょっといろんなお話を聞けて良かったです。

司会　やっぱりビザのことって実際に自分が取らなきゃいけないって状態になってみないと、なかなか考えないですよね。

櫻井　そうですね、私も日本に住んでいるってこともあって、自分も、申し訳ない気がしますが、日本は簡単なのかなって思いました。私自身も（夫の）永住権は考えています。ただ、まだ結婚して一年経ったばかりなので、まあ、まだだろうなと思っています。日本に住んでる以上、結婚して家族になっている以上、私も自分ごととして捉えて、一年に一回更新しなくちゃいけないなとか、そういうことが常につきまとっているので、正直面倒くさいなと思っています。私としては、岩井さんと違って、ポーランドに住むよりは、日本を多分、居住地に決めるだろうと。まあ、一時的にポーランドに住むかも知れませんけど、あんまり移住っていうことは考えないので、もう日本でどう過ごすか、長い人生をどう通っていくか、そのためには、やっぱり、年収とかも結構、日本人同士と違ってお互いが生活ちゃんとできているか、あとは税金を払っているか、もちろん、皆さんも払っていると思いますけど。税金を払わなければ外国人は絶対に日本に住めませんよっていう感じで、まあ、そういう問題もあるのでかなりお金の面というか経済的な面はしっかりしないと、国際結婚って難しいなと思います。

司会　皆さんは国際結婚されていますが、もし配偶者が日本人だったら、今の状態といろいろ違うだろうなと考えていることがありますか。また、配偶者が外国人であることで、どんなことが違うか、もちろん、違うことが良いことだと捉えている人も多いと思うんですが、ここが違うなと感じていらっしゃることをお話しいただいて良いですか。

渡辺　日本人同士の結婚と違うなというところですよね。まだ二人での暮らしをスタートさせて間もないっていうこともあるんですけれど、全部が違う。朝起きてから夜寝るまで全部のことが違うので、全てのことが難しくて、全てのことが面白いなと思って毎日過ごしています。価値観と言いますか、ものの捉え方とか見方も違いますし、あと、今、まだ夫はそんなに日本語がペラペラ話せないので、私がいろいろフォローに入ることが多いんです。もともと育ったところも違うし、見てきたものも全部違うから、これだけ違うんだっていうことが、スタートの時点からあるからか、怒ることとかも結構多いんですけれど、これはそういうことなんだとか、これはそういう風にするんだとか気づいたら、全て受け入れる方に回っていることも、日々の暮らしの中で多いなと思いました。小さいことですけど、ご飯の炊き方とか、歯磨きはいつするかなど、本当に小さいことが全部違うので、それを私のペースに合せるわけでもなく、向こうに合せるわけでもなく、彼のスタイルはスタイルで尊重して、私は私で好きにやろうっていう部分と、さっきの話みたいにビザなどの話になると、普段の生活のやりくりのお金はどうするかといったことは、やっぱり協力するんです。まあ、好きにしてもらった方が良いなって思うことは、極力好きにしてくださいとだけ言っているわけではないんですが、でもそう言うと私もやりやすいなと感じております。ちょっとぼやっとした話になってしまったのですが、あの、言葉も、共通の言葉はブータンの言葉なんですけど、ブータンの言葉をそのまま理解することでイラっとしそうな時は、私なりに良い日本語を使って理解して、あ、今、そう言ったんだなって、一日一日の生活で、怒るポイントとか、イライラするのをどうやって減らせるのかなと思った時に、ブータンの言葉をすごく良い日本語に変えるなど、そういうことを試してみたりしています。そんな感じです、私たちは。

司会　良いですね、違うことがいろいろあると、「どうしてこういう風にしてくれないの？」と配偶者に対して思っちゃうことがあると思うんですが、違うけれど、それを受け入れるっていうことはすごく大事なことだなって私も思います。ある程度努力が要るかも知れませんが、その方が自分にとっても楽ですよね。

渡辺さんから言語の話が出たんですが、ブータンの言語をお使いになっているんですか。

渡辺　はい、私、昔二年ブータンに住んでいたので、ブータンの言葉で喋ってるんですけど、まあ、徐々に彼の日本語の割合も増えてきたので、六対四ぐらいです、今は。ブータンの言葉が六で四が日本語。

司会　皆さんも言語のこともお話しください。

櫻井　えっと、そうですね、文化の違いとか、外国人だから違うな、と思ったことですが、一つ、大きなことは、仕事についてなんです。もちろん、どの国にも一生懸命働く人もいると思うんですけど、仕事に関して、日本の会社ってすごく時間に厳しいなっていうのを、夫を見ていてすごく感じます。たとえば、朝一〇時に会議がはじまるって言われた時、日本人であれば、九時半ごろ出社して、一〇時までにはパソコンはもう絶対開いていて、何だったら、前に仕事をしているっていう感じだと思うんです。でも夫は一〇時以降に出社したり、「遅れちゃうよ」と言っても、「あ、そうなんだ」というすごく軽い気持ちで働いていて、結果があれば良いんだと考えているようです。そういうところに文化の違いを感じました。

あと、言葉の違いに関してなんですけど、私たちの共通言語は英語、もしくは日本語で話しているっていうところで、やっぱりそこで、ポジティブなことは、常に言語を学べることです。

ネイティブの人から英語を学んだり、ポーランドの人からポーランド語を学んだり、お互いから勉強するというか、夫の英語はネイティブレベルで、言語を勉強できるメリットはあるんですけど、ただ、やっぱり、お互いが一〇〇％ニュアンスを理解するには、すごく時間がかかります。

悪い言葉を聞いても良い意味の日本語で捉えるっていうのが必要だな、言葉の理解は時間がかかるなって思えば良いかなと思っています。あとは、日本で感じる文化の違いというか、外国人だから感じることですが、歩いていたりすると、ちょっと、奇異な目で見られることもあります。特に、ローカルな所で……でも、そういう視線を感じても、私たちは気にしなくても良いかな、と思うんです。これが日本人とちょっと違う一面ではないかと。

司会　今おっしゃったことは、ご主人が外国人だということで、違う目線で見られるみたいなことですね。そういう印象ですか。

櫻井　そうですね。外国人は今増えているけど、目立つというか、それは、本当に気にしないようにすべき、ぐらいですね。

岩井　そうですね、僕は付き合ってもう長いからか、良くも悪くも何も感じなくなっているっていうところがありまして、彼女はパンが好きなので、ご飯よりパンを好んだりするとか、シャワーは朝浴びるとか、その辺のちょっとした違いとかも全部、まあ、違う人間だから、違うんだね、というかなり鈍感な状態でいるというのが現状であります。で、家で使う言語に関して言うと、会話は日本語七ドイツ語三なんですけど、彼女は疲れて帰ってくると、やっぱり日本語を話したがらないんで、ドイツ語でずっと話しかけてきて、僕はドイツ語で話すと頭を使うんで、日本語で話すとか、もう、それで意思疎通としては成り立っているので、文化の違いみたいなものは、最初は楽しかったけれど、今はそれがなくなってきていて、自分から発見しようとしないと、何も感じないっていうのが僕にとってちょっと残念な感じになっている気がします。で、直近の大きい悩みとしては、子どもが生まれた時に、やっぱり日本に住むんで日本語を喋るようになると思うんですけど、じゃ、彼女のお母さんと話す時に、ドイツ語ができなかったらまずいと思っているので、どう教育していくかってところは、言葉の面では考えています。ドイツ人と日本人のハーフの子だけが通っている珍しい学校があるんですけど、彼女は週末に副業としてそこにドイツ語を教えに行っているんです。ただ彼女が言うにはやっぱりハーフの子でも、五歳ぐらいだと全然喋れない層と喋れる層に、めっちゃ差があるって言っていて、やっぱり喋れない層は、外国人の配偶者さんが日本語がぺらぺらで、家でも日本語しか飛び交ってない。そういうことを聞いているんで、子どもが生まれたらそこはもう、ちゃんと、僕は日本語オンリー、彼女はドイツ語オンリー、そんな形でわけていかないといけないよね、みたいな話を最近してます。

司会　私は結婚してかなり年数が経ちますが、娘には生まれた時から私はずっと日本語で、夫は英語だけで話していました。そうしたらどっちの国に住んでいてもある程度（言葉は）わかるし、もしかしたらドイツ語は喋れないけど、わかる、というレベルになるかも知れないですね。いろいろ考えていかなければならないですよね、お子さんの言語って。

三好　僕たち夫婦の会話は日本語と英語が混ざっていますね……（笑）。僕は日本語を話すし、彼女は英語を話すので、めちゃめちゃな会話になっています。

僕は逆に、コミュニケーションをお互いに理解しきれないから関係が上手くいくと思っています。僕は日本人の人と付き合った時に長続きした経験がありません。交際期間は長くて半年ぐらいでした。今の奥さんと長続きできた理由は、良い意味で、お互いの主張を理解しきれていない部分にあると思います。日本人どうしだと価値観の違いや当たり前のズレによって衝突が発生しますが、僕たち夫婦の場合は使う言語も違うし、単語の意味がわからない瞬間もあるので、カチンとくる部分もキャッチできずに流れている瞬間があると思います（笑）。だからこそ、ちゃんと聞きたいって気持ちがある時はストレートに聞くし、ちゃんと理解してほしい時は、ちゃんと聞いてくれ！　ってハッキリ伝えますね。だから大事な価値観の共有ができていると思います！

そもそも外国で育った奥さんと日本で育った自分は同じ価値観ではないと認識しています。奥さんの主張を理解できない時、「なぜそう思うの？」って素直に質問できます。「文化だから」って回答されると、「なるほど！」って落としどころを作れるので、平行線のコミュニケーションで困ることはないです。

僕の本業は保険屋なので、どんなライフスタイルにしたいのか聞くことが多いです。日本人夫婦の場合は、子どもが生まれて家を買うみたいな、お決まりのパターンがあるのですが、国際結婚をしている僕たちにはその感覚はないですね。将来どこで暮らすかもわからないので、家の購入や住宅ローンを組む発想もありません。日本人ご夫婦の話を聞けば聞くほど、国際結婚とはライフスタイルの組み方も全然違うなと感じます。

司会　違うことがプラスになるみたいな印象を受けました。また、違う方が良いみたいな、そういう考え方もありますよね。

新井　私の場合は、パートナーが日本で既に五年ほど生活していたので、日本語が上手で、私たちは日本語で会話をしています。今は拠点が中国にあるので、私も中国語を勉強して、中国で生活ができるように頑張りたいと思っています。

国際夫婦として将来チャレンジしたいこと

司会　それでは次のトピックです。国際結婚をして、将来のことをどう考えていらっしゃるか、これから挑戦したいこと、チャレンジしていきたいことを中心にお話しください。

渡辺　将来は……、今、まだ夫は仕事を探している状態なので、はっきりと将来が見えないんですけれど、私は夫に、すごく心配性だと言われるんですね、一緒に暮らすようになってから。心配性だと自分であまり自覚したことがなかったんですけれど、たとえば、三か月先のこととか、半年先のこと、一年先のことっていうのは、夫はあまり考えない。何と言いますか、まあ、この三日ぐらい楽しく過ごせれば良いな、みたいな感じのタイプで、ブータン人、結構そういう人が多いんですけど、そこから学ぶことが多いなと思いました。よく言えば今を楽しむことにすごく集中しているって言えるのかなと思うんですけど、保険のプロの方がいらっしゃいますよね。私たち、今、保険に入ろうかと考えはじめたところなんですけど、夫には、病気をしたらどうしようとか、そういう考えがあまりないんですね。病気をした時に、入院しなくちゃいけなくなったとか、死亡した時にどうしようと考えることが、夫にとっては意味がわからない、何の話？　と言われるんですね。そういった時間の捉え方みたいなことが全然違うので、これは今のところストレスを抜く、何だろうこの考え方、面白いなと、少しわかっているつもりです。四六時中一緒にいることで、こんな感じかって、最近身をもって実感して、でもそれは楽しいなと思ってます。将来はどうしようとか、今は本当にまだボヤボヤで何にも見えないんですけれど、まあ、料理をすることがすごく好きなので、あまりよく知られていない国、ブータンの料理を、たとえばちょっと小さいレストランで出してみたいとか、すごく楽しい夢なんですけど、そういう話をすることはありますね。

司会　本当ですね、将来のことを心配するより今を楽しむことが大事ですよね。保険の話が出たので、三好さん、いかがですか。

三好　どこの国に住むのかによって変わると思うのですが、配偶者の国に住むのであれば、基本は向こうの国で保険に加入する方が良いと思います。旦那さんが保険のことを考えないのは、割と多分どこの国も共通しているところはあるんじゃないかなと思います。日本人のご夫婦でも全然考えない旦那さんもいるので（笑）本当に困った時は、相談してもらえたらなと思っています。

国際結婚でチャレンジしたいことは、奥さんと僕と一緒に共通に遊べる友だちを増やすことですね。奥さんの友だちが職場でできたとしても、アメリカに帰国してしまうので、日本で長く付き合える友だちがいなかったりします。たまには友だちと遊んできたら？　と声をかけても、「皆、帰国しちゃったもん……」みたいに言われると、ああ、そうなんだ、友だちが増えたらなって思っています！

あとは、彼女の転職についてです。現在は英会話の先生をやっていますが、やりたい仕事というよりも、ビザ取得のためにはじめた仕事なので、彼女のやりたい仕事が見つけられるサポートができたら良いなと個人的には思っています。

司会　確かにそうですね。外国に住んでいるという状態で、その国に友だちがいるってことは大事ですよね。皆さんの気持ちがすごくよくわかります。

岩井　そうですね、挑戦したいことは二つあって、一つ目がやっぱり移住ですね。彼女は日本に住むことに対してはかなり肯定的なんですけど、ただ、じゃ人生の全て日本かっていうと、やっぱりそうではないところもあります。僕は今、三一（歳）なんですけど、この先四〇、五〇になった時に移住っていうと、多分、なかなかきついと思っているので、ま、あと数年ぐらいで本当に考えなきゃいけないかなっていうふうには思っています。ただその中で、やっぱり現地での働き口を僕はいちばん懸念していて、自分のドイツ語のレベルがビジネス商談の場で使えるかというと、そういうレベルでもないんで、その壁をどうクリアしながらどういう風に移住するのかっていうところが挑戦かなと思っています。あと、二人はやっぱり日本語とドイツ語を使っていて、一応でこぼこを描いているような形なので、これを何かしら稼ぐことに繋げたいっていうか、仕事に繋げたいっていうことは常に思っています。今、僕はＳＮＳで二人の夫婦っていうのをずっと発信し続けているんです。やっぱりそうやっていろんな情報を出していると、日本人ドイツ人セットって珍しいからか、出せば出すだけ何かしらどっかから変な反応が返ってきたりすることがあります。たとえば直近だと、三日後にドイツ語を話せる日本人を探しているみたいな連絡が来て、東京で通訳やってくんないって言われて縁が広がったりしました。あとはドイツ語を学ぶって超マイナーなんですけど、実際に勉強したい人がいるみたいなのでSNSに投げたら、まあ、三〇人ぐらい集まって、そこから本当に学びたいっていう人が四人集まって、その人たち向けに、一か月で僕の彼女とドイツ語を若干話せるようになろうみたいな講座作ったら買ってくれたりとか、そういうのがあったんです。日本ドイツっていう、両国の架け橋になりたいみたいな、よくあることだと思うんですけど、こういう二人がいるっていうことをずっと出していて、なおかつこういうことができますっていうのを続けたら、何かしらビジネスになるんじゃないかなと思っているし、これをもっと大きいスケールにしていくことを挑戦として考えています。

司会　ほんとに皆さん面白いお話ですね。

新井　今のお話を聞いて、前の世代の国際結婚との「違い」を考えた時に、今はインターネットやSNSが普及しているので、情報や人と繋がりやすいと思いました。国際結婚の手続きやビザの取り方だったり、現地では行きたいお店や旅行先、なんでもSNSで調べられますし、現地の日本人の方や外国人のコミュニティとも気軽に繋がったりできるのは、この世代ならではですよね。中国の暮らしについて心配する人がいますが、実感としては日本での生活と大きく変わりません。ネットやSNSの普及で、国際結婚や海外で暮らすことのハードルは低くなっていると思います。

それから、国際結婚して良かったなと思ったことは、中国の人と結婚して中国で暮らすことで、ネットやニュースによって定着した中国のネガティブなイメージが全く変わったというか、リアルな中国のことを知ることができたことです。なおかつそれを通して何かその日本の文化のルーツとか日本の歴史とか、もっと日本について知ることもできて、自分の国を多面的に見ることができたっていうのは、国際結婚して良かったことだと思っています。

司会　本当に新井さんがおっしゃる通り、海外に住み、日本を外から見ることで、もっと日本のことを知りたいという気持ちになる。皆さんは今日本に住んでいらっしゃるけど、国際結婚していると、普通に日本に住んでいるのとちょっと違う面があって、もっと日本のことを知りたいみたいな気持ちになること、あると思うんですね。

櫻井　皆さんの意見を聞いていてすごく面白いなって思っていたんですけど、ちょっとそこからヒントを得て、まず、そうですね、さっき渡辺さんが言っていた時間の感覚の違いっていうのが結構そうだなと思っていて、私も結構心配性なところもあるので、まあたとえば旅行するとしても、もし怪我しちゃったらどうしようかなとか、この時間に間に合わなかったらどうしようとか、そういうことを緻密に計算するのが好きなんですけど、夫は困ったらその時に考えれば良い、心配する時間は無駄だよ、みたいなことを言うので、これは性格の違いなんだと思います。ある意味同じような性格だったら、ネガティブになっていたかも知れません。それは人にもよるのかもしれないけど、海外の人だからやっぱりそういうところは結構ポジティブで、私も助けられていて、国際結婚して良かったのかな。

あとそうですね、これは言葉の話なんですけど、私がこれから挑戦したいなって思っていることが、ポーランド語を勉強することなんですね。なぜかちょっと私の人生の中で何かしら結構難しいことにぶち当たることがすごく多くて、ドイツ語も難しいなっていうのはわかるんですけど、ポーランド語もやっぱり難しい。なんか英語ですでに大変に感じているようではダメだなと思うので、ポーランド語はネイティブレベルになりたいな、そこまでチャレンジしたいなっていう風に思っています。先ほど新井さんのお話を聞いて、ああそうだなって思ったのは、やっぱり夫が「どうして日本ってこうなの」とか、疑問に思ったことを、こう聞かれることがあって、「え、なんでだろうね。それはそういうもんだよ」みたいなことを言っても、ちょっと調べてみるかとなって、より日本を知る機会になります。これは、たぶん日本人同士だったら、何となくという感覚で話すけど、外国人が相手だと、もっと日本のことを知って、好きになったりすることがあります。あと、仕事のことに関してですが、岩井さんのインスタグラムを見てて、すごく面白いなと思っているんですけど、私自身も今ブログをやっていてですね、結構ずっと前からなんですけど、仕事に繋げられたら面白いだろうなって思いながら、地道にやっているんです。ブログとかは顔出しをしない人が多いんですけど、顔出しをすると、こんな本出しませんかとか、テレビ出てみませんかとか、ちょっと身近というか、国際結婚してるんですけど相談に乗ってくれませんかとか、そういったところで、ある意味考えもしなかった出会いがあるので、これからもそういうことにチャレンジしていきたいなと思っています。

文化的な違い

司会　ＳＮＳとかで社会と繋がると、いろんなチャンスがありますよね。それで仕事に繋がったりするとすごく良いと思います。みなさんもう少し何か追加したいこと、こういうことをちょっと話したいとか、こんなことをお互いに聞いてみたいとか、発言をしていただけることがありますか。

櫻井　ちょっと皆さんに聞きたいなって思っていることが、文化的な違いっていうか、さっき岩井さんが言っていましたけど、その生活習慣をお互い合せるようにしてるのかとか。たとえば私であれば、朝食は私はご飯を食べていて、向こうはパンやオートミールを食べているとか、そういう生活の違いっていうのは、ちょっとこういうところは直したいなとか、生活を合せてるなら、どういう風に話して直してもらってるかとか、そういったところ皆さんどうしてるのか、ちょっと聞きたいです。

司会　いかがでしょうか。櫻井さんが今おっしゃったのは、相手にちょっとこれを変えてほしい、直してほしいって思うことがあるかっていうことですね。

櫻井　はい、生活を合せるってことですね。

岩井　えーと僕は気になったら言うべきだと思っていて、やっぱりそれが重なるとどっかでストレスとぶつかる。何かでぶつかってきた時に、その他のことが火種になったりするので、言ったら良いのかなと思っています。ただ僕は基本的にはかなり大雑把で、あんまり何も気にしないタイプなので、彼女との違いとか何があっても大体あんまり気にしないんですけど、でも、そうですね、絶対に気になって、でも心の中にしまっとくみたいなことはせずに、伝え方に気をつけながら、やっぱりそのつど話しています。どっかで爆発しないように、っていうのはありますね。ちょっと答えになっているかどうかなんですけど……。

櫻井　ありがとうございます。なんで私がそれを聞いたかって言うと、まだ子どもがいるわけじゃないですけど、将来的に子どもがいたら、生活をどっちに合せるの、ぐちゃぐちゃなの、みたいな感じで、なんかそれも心配性だからかなって感じですけど。

司会　そうですよね。子育てに関しては、お互いに協力し合うべきですが、やっぱり考え方はちょっと違いますよね。だから協力して、合せていくことって大事だと思います、経験から。櫻井さんがおっしゃったこと、どうですか。相手にちょっと変えてほしいなって、もし具体的にそういう話をしたことがありましたら、ご発言をお願いできますか。

渡辺　えーと、今のお話と重なるか同じかどうか、ちょっとわからないんですけれど、たとえば、面接に行くっていう時に、私はあまり深く考えなくても、とりあえず襟のあるシャツを着て行ったらとか思っちゃうんですけれど、そんなヨレヨレの服で行くんですか、みたいな。そういうところも全部違うんですね。その話をした時、夫に、人は着てる服では判断できないって言われて、私は、それはそうだって思ったんですけど、でも「こういう時はこういうものなの！」って言ったんです。ただ、こういう時はこういうものってどういうことかなって、私が逆に考えちゃうことになってしまって、結局、日本はこうなのって言っているつもりはないんですけれど、こういう時はこういうもんだっていうのが、私の中にあって、それは、こういう時はこういうもんだという彼の考えとは全然違うんです。人は着るもので判断はされない、みたいな話をされはじめた時、私はこれは何か変なところに入ってっちゃった気がして、あまり的確な反論もできないことがあったんです。たとえばこの人に会いに行く時はこういう格好をするということですね。ブータンは結構着物みたいなものが、日本でいうスーツの代わりとかなので、そういうのを着ていくっていう意味では、夫にもちゃんとしたところにちゃんとした格好で行くっていう感覚はあるんですけれど、お互いすっきり理解できてないなって思っていて、これは文化の違いかも知れませんね。最近夫は仕事を探すようになって、面接に行くことも多くなって、ちょっと私の中で今大きなトピックになっていますが、こういうことは皆様どうでしょうか。

岩井　それ、完全に正しくないですか。僕は一〇〇％正しいと思っていて、二人で出掛けるとかだったら全然良いと思うんですけど、あくまで目的は会社に採用されることじゃないですか。そうなった時に、じゃあそこを目的のために着る服で、全然気にしないっていう会社だったら構わないと思うんですけど、やっぱり一般的に日本としてはドレスコードで郷に入ってはじゃないですけど、そこが見られるところなので、着る服は確かにそれだけで採用は決まらないけど、会社に入ることが目的だったら、この方が受かりやすいからこっちじゃない？　っていうこと、僕は絶対正しいなって思いました。

渡辺　そうです。でもそこを私、そうですって、なぜか言い切れなくて。

岩井　何となくお気持ちわかります。

渡辺　そう言われればそうだなって思ってしまう。結構今は何とか話せるようになったんですけど、その時は、どうしようかなって思いました。はい、私は正しいです（笑）。

司会　周りの目が気になりますよね。日本に住んでいるんですから。日本の社会が人をどんな風に見るか。もちろん服装って結構大事ですよね。私、半年ぶりにまた東京に帰ってきたんですけど、やっぱりみんな、ちゃんとした格好しているな、と感じました。アメリカはすごくカジュアルな格好をしている人が多いので、その違いは大きいから、おっしゃることはよくわかります。

三好　質問の回答からズレちゃうんですけど、僕は逆に気を付けていることがあります。昔の国際結婚と比べると今の時代はＳＮＳが職業になる時代なので、たとえばカップルユーチューバーをはじめたら、めっちゃバズるんじゃないかなとか、好きな場所で暮らせるための手段になるなって想像しちゃいます。でも、奥さんはそういう活動をやってみたいと思わない人です。仕事やビジネスの為に、国際結婚をしたわけではないけれど、ビジネスを作る時に国際結婚は強みになるとも思うので、そのバランス感には気を付けています。無理強いさせないようにとか、こじらせないようにしようっていうふうに、日頃から意識しているところはありますね。

司会　そうですね。お互いの考えが違うことにどう対応していくかっていうことは、確かに違う部分があるかもしれませんね。他にいかがでしょうか。生活習慣をどう合せるかということや、考え方が違うのをどういうふうに二人でうまくやっていくかっていうこと、国際結婚も、同じ国の人たちの結婚も、一人ひとり違う考え方ですから、その違いを認めるってことって大事ですよね。これは国際結婚している私たちが、より意識することかなとは思いますけどね。

三好　僕は国際結婚とか外国人の人と付き合ってから、同性愛者の方というか、ＬＧＢＴＱの方からカミングアウトしてもらう数が圧倒的に増えたと感じています。

岩井　めっちゃそれあります。ありますよね。あのそういう知人が劇的に増えた。

司会　カミングアウトしやすくなったっていう感じでしょうか。増えたのは。

岩井　何なんだろう。僕の場合だと、彼女の周りにそういう人が多くて、僕が彼女と一緒にいるんで、多分、差別しないだろうと思われるんじゃないかな。

三好　日本はＬＧＢＴＱに対する理解が非常に遅れているという指摘を受けたことがあって、身近な存在に感じるようになりました。奥さんの影響で理解できる幅が広がったと思います。

司会　大きな違いですよね。ＬＧＢＴＱのことを情報として知っているのと、実際にその人たちと知り合いになる、友だちになるっていうところが。いろんな方と接触ができる機会が設けられるのは大事なことですよね。

新井　ＬＧＢＴＱの話と関連するんですけど、私も中国人のパートナーと過ごすようになってから、様々なジェンダー、セクシュアリティ、民族、宗教などの方と出会うことが、より多くなったという実感があります。もちろん日本にも様々なアイデンティティを持つ方や、社会的マイノリティの方がいますが、差別や偏見も根強いため、日常の中でそういった人々と出会う機会が少なかったのかもしれません。中国では、社会的マイノリティの方と日常で出会う経験があるためか、日本人の私としては暮らしやすいです。

司会　中国にもＬＧＢＴＱの方は、結構いますか。

新井　そうですね。たしかに政治的には、ＬＧＢＴＱの方への配慮は全くありませんが、実際に中国で多くのＬＧＢＴＱの方と出会いました。友人が言うに、日本人と比較すると、中国人は「他人にどう思われているか気にしない」という性格の人が多いそうです。私はフランスにも住んでいたことがあるんですけど、フランスでも、日本よりはＬＧＢＴＱフレンドリーな雰囲気を感じました。私は地方都市の出身なので、その土地柄も関係していると思いますし、一概には言えませんが、日本は他国と比べて社会的マイノリティに対する包容性が低いという危機感を持つようになりました。

司会　そこは大きな違いかもしれませんね。もし何か他に皆さんに聞きたいことがあったら、もう一つぐらいいかがですか。何かありますか？

三好　岩井さんに質問です！　奥様の服ってどういうところで購入されていますか。僕の奥さんは、日本のレディースはサイズが小さすぎると感じていて、服を買うのが難しいようです。

岩井　えーと、僕の場合で言うと、彼女も小型に分類されるんで、あの、僕は身長が一六五センチなんですけど、同じぐらいなので、ザラとかユニクロとか、お決まりのところでよく買っているんですけど、やっぱり日本にはないものを求める時もあるんで、たとえば結婚式の写真用のドレスとかだったら、イギリスから買ったりとか、アマゾンとかでいろんな海外のところを見て、そこから引っ張ってきて、試してダメだったら返送するみたいなことを結構やったりするんで、意外に他のルートで手に入っちゃったりとかはあるのかなとか思いました。

櫻井　私も良いですか、私もちょうどついこの間ブログにも書いたんですけど、洋服代に意外と外国人ってお金かかるなって、ちょっと思ったことがあってですね、でもその前にスーツを買う時に、日本の普通の店に行ったら、スーツの丈が合わないっていうのが結構あって、幅はぴったり合うのに袖の長さが何か子ども用のスーツみたいな、こう、袖が短いね、みたいな、ちょっと冷や汗をかく感じで、結局、オーダーメイドしないと、長さが合わないとか、逆に、市販のワイシャツを一つ取っても、ワイシャツの袖の長さが短いみたいなことがあったりします。あとは普通の洋服でも、ジーンズ、それ、短くない？　みたいなことがあったりとか、普通の洋服ですらちょっと大変で、まあ、ユニクロとか普段着で着る分にはちょっと短くてもいいやって妥協できるんですけど、ちゃんと出かけたい時の服は洋服屋さんって、良いところに行かないと、ぴったり合う服が見つからないんです。結構洋服選びって良いお店を見つけるまですごく大変でした。

司会　そうですよね。もし、年に一回ぐらい配偶者の方の国に戻る機会があって、そこで買い物ができると良いかも知れませんね。だけど頻繁には行けないとなると、やっぱり日本で買うのは難しいですよね。いろんなサイズが増えていると思うんですけどね。昔と比べると靴なんかもそうですよね。女性の靴は二四・五センチまでしか売ってなかったですけど、昔は。今ちょっと大きめの靴が買えるようになったみたいで、良くなっていると思うんですけど、いかがですか。

三好　あと、奥さんがよく、日本のレディースはちょっと可愛すぎるって言ってました。カッコイイ系の服が着たいけれど、ガーリーすぎて、幼く感じるみたいです。

司会　皆さん、それでは、これで座談会を終わらせていただきますね。興味深いお話をいろいろありがとうございました。

座談会に参加して

三好郁也

座談会に参加させていただいた三好郁也です。私はリトアニア人の女性と国際結婚をしています。今回は、リトアニアの他に、中国、ブータン、ドイツ、ポーランド出身のパートナーをもつ国際結婚夫婦のお話を聞かせてもらいました。一言に「国際結婚」と言っても、文化や背景も異なるので、それぞれに悩みや課題があると感じました。特に、同じ国際結婚でも日本人がパートナーの国へ移住するケースと、パートナーが日本へ移住するケースを比べると、パートナーの国へ移住するケースの方が、ビザ問題への関心も高く、生活の悩みも大きいと感じました。

私は、若い国際結婚夫婦だけではなく、大ベテランの国際結婚の先輩方のお話を聞く機会がありました。当時と比較すると、現在の私たちは、国際結婚のハードルが非常に下がっていると感じます。インターネットやSNSの普及により情報は簡単に得られるようになりました。LINEやZOOMなどのアプリが生まれ、海外と日本という離れた位置でも無料で通話ができます。何か困ったことが起きたとしても、同じ壁にぶつかった方々の経験談や解決方法を検索すると、すぐに見つかります。一昔前よりも、解決方法が見つけやすくなったのは素晴らしいことだと思います。その一方で、情報が溢れる社会になった結果、どの情報を信じれば良いのかわからないという新しい課題が生まれました。

国際結婚を選択された方々におけるいちばんの課題は「誰に相談すれば良いのかわからない」という点だと思っています。情報が溢れている時代だからこそ、安心して相談できるコミュニティの存在が重要になります。情報社会における安心安全なコミュニティの提供が、これからの「国際結婚を考える会」の存在意義になるのではないかと個人的には感じています。

国際結婚を経験して私自身が変化したのはもちろん、周りの変化も大きいです。外国人の奥さん（当時は彼女）が、初めて実家に遊びに来た時、何を食べるのか、何を話せば良いのか、実家の家族はパニック状態でした。地元の友だちも「リトアニアってどこ?」という反応でした。リトアニアの存在すら知らなかった友人たちも現在では、リトアニアがテーマの番組が放送されると、「リトアニアの番組やっているよ!」と連絡をしてくれます。ロシアとウクライナでの戦争がはじまった時にも、「リトアニアは大丈夫なの?」と多くの人が連絡をくれました。私がリトアニア人の奥さんと国際結婚をしたことをキッカケに、知らない国だったリトアニアに対して、関心を持つようになってくれたことを嬉しく思います。

国際結婚をして変わったと思うことの中に、「話し合い」ができるようになったことがあります。本書を読んでくださっている方の中には、日本人夫婦の方もいらっしゃると思います。私は普段、保険屋として活動しています。そのため、日本人ご夫婦の話し合いを聞く機会があるのですが、会話のキャッチボールが上手くいかず感情的になるご夫婦を見かけるケースがあります。その原因は、同じ価値観や考え方を持っていることが、当たり前だと思い込んでいるからです。その点、国際結婚ではそうはいきません。海外では室内にもかかわらず、靴を履いたまま歩く文化もあります。奥さんは日本の学生の部活の長さやハードさにビックリしていました。結婚における価値観の違い・子育てにお

三好さんとリトアニア人の妻

ける当たり前の違い・日本人の働き方・職場の人間関係の付き合い方も全然違います。だからこそ、国際結婚夫婦にとっては、言葉を交わして、自分の考えや想いを伝え、相手との違いを受け入れることが不可欠です。国際結婚の場合、パートナーが自分とは違う文化を持っていることを理解できるので、自然と相手との違いを理解しようと歩み寄ります。ですが、それは日本人夫婦でも一緒だと思います。相手は自分と違う価値観を持っている一人の人間だと認識すれば、お互いに「当たり前」によるズレ・違いが減るのではないかと思います。

最後に、これからの国際結婚に対する想いを書こうと思います。これからの時代を担う私たち世代は、これまで以上に変化の激しい社会を生き抜く形になると思います。日本の人口減少や、新しく生まれる仕事や消えていく仕事。現在でも、日本には外国の方への差別的な目線が根強く残っていると思います。良い意味でも悪い意味でもです。私の奥さんの容姿は、日本人がパッとイメージする外国人です。肌は白く、眼は青い。奥さんを周りの人は温かく迎えてくれましたが、悪い意味でチヤホヤされすぎているとも感じました。恐らく、アジア系のパートナーや黒人系のパートナーであれば、反応はまた違っていたと思います。だからこそ、国際結婚が身近になることは、社会意義があると思っています。大げさではなく、国際結婚には差別的なイメージを変える力があると思います。日本国内で生きづらさを感じている外国の人たちが、日本人と国際結婚をした場合、日本人側の家族はメディアによるイメージではなく、本当の意味で、その方々に興味関心を持つと思います。私の家族や友人が、存在すら知らなかったリトアニアに想いを馳せてくれたように、国際結婚には身近な人の外国人に対する印象を変える力があります。

国際結婚には「正解」がありません。文化も価値観も言語も違います。正解がないからこそ、夫婦のパートナーシップの在り方によって、とても面白くダイナミックな人生にできると思います。改めて、国際結婚は素敵だし、本当に面白いです。夫婦ともに三〇代に突入したので、これからも楽しみです！

第二章 見えない国籍の壁

国籍法により、日本国籍を自動喪失した日本人、生まれた子どもが日本国籍を取得できなかった日本人、日本国籍を失ったことで多くのトラブルに巻き込まれた日本人の方々が、ご自分の経験を語ってくれました。

日本人が外国人になってしまう！

国際結婚を考える会"JAIF"では、毎年国籍法請願届として国会に署名を提出している。
世界の76%の国では国民が二重国籍になれるのに、
日本は出生時以降の外国籍取得者の二重国籍を認めていない。

家族と引き離される在外日本人——国籍法が生む悲劇

小原あかね（アメリカ）

涙の帰化宣誓式

二〇一四年夏、私はアメリカ西海岸のある都市でアメリカ帰化宣誓式に参加していた。帰化宣誓式は米国市民権（アメリカ国籍）を取得するための最終段階である。その日、七〇か国以上から米国に来た三、〇〇〇人を超える人々が米国市民となった。帰化者の出身国が一つずつ読み上げられ国が発表されるたびにその国の出身者たちが拍手と歓声で盛り上がりお祭り騒ぎだった中、私はひっそりと涙を流していた。「日本国民は、自己の志望によって外国の国籍を取得したときは、日本の国籍を失う」と規定した国籍法一一条一項によりその日をもって日本政府から日本国籍をはく奪されたからだ。笑顔と希望に満ちた会場で孤独感と喪失感に打ちのめされていた。日本出身の帰化者は私一人だけだった。

今年で在米三五年になる。大学卒業後、当初は半年の語学留学の予定で渡米したが、志を高く持った世界各国の留学生と出会い欲が出た。大学院に進み社会学の修士号を取得しニューヨークの大手法律事務所に就職したが能力のなさを痛感し二年弱で退職。一から叩き直すつもりでビジネススクールに戻りMBA取得を目指した。全米でトップクラスのビジネススクールだったから同級生は実務経験豊富で弁の立つ切れ者ばかり。劣等感にさいなまれながらも取り残されないため必死に勉強し卒業し学位を得た。あれからほぼ三〇年、一線で働き責任ある仕事を任されている。日本にいたらほぼ実現しなかったキャリアである。アメリカにもまだ女性格差は残っているが、ジェンダーギャップ指数一四六か国中、一一八位（二〇二四年）の日本とは比べ物にならないチャンスと自由がアメリカにはある。

移民に対するアメリカの懐の深さを尊敬し、やりがいのある仕事を持ち、アメリカで生活の基盤を作ってきたが、自分は日本人であるという自覚は一度もぶれなかった。アメリカ永住権（グリーンカード）を取得して一定の年月が経っていたのでアメリカ帰化は容易だったし、参政権を得られる、永住権失効を恐れる必要がなくなる、アメリカ国籍が条件の仕事につける等の多くのメリットはあったが、日本にいる両親のためにも日本国籍を持ち続けた。

決死の覚悟

カナダ国籍の夫と出会ったのは二二年前。当時住んでいた中西部の州であった。夫は建築士でTN（Trade NAFTA）ビザを持って建築事務所で働いていた。TNビザとは北米自由貿易協定に基づき、カナダ、メキシコ国籍保有者のアメリカ就労を可能にする専門職ビザで、最長三年の就労が認められる。更新は可能だが「非移民」ビザでありアメリカ永住の意思はないという前提で出されるビザである。在米九年目の更新時に移民局の管理官から一〇年以上になると永住の意思があるとみなされ、次回のビザ更新は却下されるかもしれないと警告された。もし夫のビザが更新されなければ夫は不法滞在となってしまい、二人で築き上げたアメリカでの生活基盤を失うことになってしまう。次のビザ更新まで何とか手を打たなければならなくなった。

母を看取れなかった話

母を看取れなかった話
今日は大好きだった母の一周忌
日本にいた母は脳梗塞で急に亡くなった
母を看取れなかった私は、今も悲しさで一杯だ
もう一度母に会いたい…
ぎゅっ…
結婚する前は、母と海外にもたくさん出かけたっけ
お前のおかげで世界中を旅行できて
貴重な体験が沢山出来たわ
そういえば最近あんまり帰ってなかったな…
またすぐ帰るからね
わかった！待ってるね
一緒にアメリカに住んでいるカナダ人の夫の就労ビザが更新できず、彼は永住ビザが必要になった。
あなたに米国籍があれば・・・
配偶者はビザを簡単に取れます
それは…
夫
これは決死の覚悟だった
なぜならアメリカ国籍を得ることは
怖い…
日本国籍を失い、日本国民としての権利がなくなるからだ
その後、なんとコロナ禍で日本は外国人を入国させないことを決めた。
NEWS
私も日本国籍を失ったので、外国人として扱われる。
外国人の私は日本入国を許可されず
STOP
母が病気で倒れたときも、亡くなったときも、会いに行けなかったのだ

移民弁護士からは私がアメリカ市民になり夫のグリーンカードのスポンサーになることがもっとも確実で最速な方法だとアドバイスされたが、アメリカ市民になることイコール日本国籍喪失であるかられだけは避けたかった。夫の父は第二次世界大戦時ヨーロッパからアメリカ経由でカナダへ移民した戦争難民だったので一時期アメリカ国籍を持っていた。過去アメリカ市民であった者の子ということで市民権を申請したが必要条件が満たされず却下された。夫の事務所に労働ビザサポートをお願いしたが小さなオフィスであるためそれも実現しなかった。グリーンカード保持者の配偶者として申請することを検討したが、当時の待ち時間は三年以上で申請中にＴＮビザが切れてしまう。アメリカ市民の配偶者は最優先され三か月から六か月でグリーンカードが交付されるが、グリーンカード保持者の配偶者は優先されないため待ち時間が長いのだ。こうしてあれこれあがいてみたが夫との生活を守るためにはアメリカ市民になるしかないことがはっきりした。日本国籍をはく奪される恐怖と悲しさで眠れぬ夜を過ごした後、覚悟して一か月後にアメリカ市民権取得の申請をはじめた。大事な夫のためとはいえ胸が引き裂かれる思いだった。日本にいる両親に申し訳なかった。大げさではなく「決死」の覚悟であった。

日本パスポートはまだ切れていなかったがアメリカ国籍を取得してからはアメリカパスポートのみを使い、日本パスポートの更新もしなかった。複数国籍反対者から「隠れ日本人」と後ろ指をさされたくなかったからである。ただし国籍喪失届は提出しなかった。戸籍法第一〇三条には「国籍喪失の届出は、届出事件の本人、配偶者又は四親等内の親族が、国籍喪失の事実を知った日から一箇月以内（届出をすべき者がその事実を知った日に国外に在るときは、その日から三箇月以内）に、これをしなければならない」とある。提出しない罰則は第一三七条で「正当な理由がなくて期間内にすべき届出又は申請をしない者は、五万円以下の過料に処する」とあるが、私の意思を無視して一方的に日本国籍をはく奪した日本政府に届け出なんかするもんかというささやかな抵抗であった。

アメリカパスポートで初めて帰国した際に外国人レーンに並んだ時は悲しかった。案内係りの人に「こんにちは。今日は混んでいますね」と日本語であいさつしたが英語で返事をされた。入国審査員の方も英語で対応してきた。私はネイティブの日本語で話しているのにである。全く変な光景だった。

コロナ禍・「令和の鎖国」

帰化後五年間は、日本国籍をはく奪された障害は精神的なもので留まっていた。日米にはビザ免除プログラムがありいつでも帰れるし、両親も元気で、日本に長期滞在する予定もなかったからだ。その全てが変わったのが二〇二〇年二月からはじまったコロナパンデミックである。

二〇二〇年三月、日本政府はコロナ水際対策と称して入国規制を導入し、日米ビザ免除プログラムも停止し、法律上アメリカ人の入国は不可能になった。いわゆる「令和の鎖国」のはじまりであり、生まれ育った故郷日本に帰れなくなった。当時はまさか鎖国が三年以上続くとは思わず両親には年末年始に帰るからと言っていた。しかし鎖国状態は続き「春の桜の季節には帰るね」と言っていた矢先、母が脳梗塞で倒れた。二〇二一年一月のことである。兄から連絡があったが日本のパスポートを持っていない私は帰国できない。兄は、帰国してもコロナ対策で病室に入れてもらえないから無理して帰らなくても良い、二か月くらいの入院になるから退院したら帰っておいでと言っていた。三月に母は退院し電話をしてきた。「いつ帰ってくるの？　お母さんもうそんなに長く生きられないよ」と泣かれた。翌日日本領事館に電話をしどうしたら日本に帰れるか問い合せると、「日本人の子」で「特段な事情」があればビザを出すことは可能だと言われた。そして領事館職員は言った。「国籍喪失届は出していますか。喪失届を出さなければビザは出せませんよ」。その一週間後、母は二度目の脳梗塞で倒れた。今度は致命的だった。四月の桜が散った頃だった。ビザのない私はお葬式にも参加できなかった。

正規の高等教育は受けていなかった母だが、読書家で向上心が強かった。私がMBAを取得しアメリカでキャリアを築いていることを誇りに思ってくれていた。自分が果たせなかった夢を娘が果たしているという気持ちだったようだ。私の渡米によって母の世界も大きく広がり、「お前のおかげで世界中旅行をし、貴重な経験がたくさんできたわ」と何度も感謝してくれた。自分は親孝行な娘だと思っていたがそれはうぬぼれで、母の看病もせず、死に目にも立ち会わず、お葬式にも参加しなかった世界一親不孝な娘だと自分を責めた。罪悪感でいっぱいだった。

母が亡くなってから父は兄家族と同居するようになり少しずつ生活は落ち着いていった。兄と話し合い年末年始に帰ることにし、国籍喪失届を出し「日本人の子で特段の事情がある」ビザの申請をする覚悟を決めた。国籍喪失届を領事館に提出しようとしていた矢先、日本政府はオミクロン株緊急避難的対応として二〇二一年一一月三〇日をもってビザ発給済者を含む外国人の新規入国を完全停止した。日本人の子で特段の事情があるビザの発給も停止された。日本人の両親を持ち日本人として日本で生まれ育った私が完全に日本から棄民された瞬間だった。

あっけない国籍喪失・複雑な在留許可申請

オミクロン株緊急避難的対応は当初予防的観点から当面一か月の間とされたが、一月になり首相は

「最低二月末まで骨格を維持する」と表明したので私に残されたただ一つの帰国の道は在留資格を取ることだけだった。在留資格とは外国人が日本に在留する間に一定の活動を行うために必要な入管法上の法的な資格である。従ってアメリカが主拠点の私は日本の在留資格を持つ必要がないし、法務省が申請を棄却する可能性も高かった。しかしオミクロン株緊急避難的対応期間も在留資格者の入国は認められていたので、いつ何があっても帰国できる術として在留資格を取るしかない。その頃父のメンタルが弱ってきて早く帰ってきてほしいと言われていたので私も必死だった。

まずは領事館に行って国籍喪失届を提出し一か月後に戸籍から除籍された。あっけない程早く簡単だった。国籍喪失は紙切れ一枚で済む一方、元は日本国籍者であった私が一年の在留資格を取得するのは大変な作業だった。細かい質問がびっしりの在留資格申請書、父の納税証明書と戸籍謄本、私の給与明細、除籍謄本、出生届、履歴書、どうぞ在留資格を交付してくださいという嘆願書。これを全て紙で入管に提出しなければならない。デジタル化が一切されていないのでアメリカから対応することは不可能で、忙しい兄や老いた父に頼むこともできず行政書士を雇わざるを得なかった。約二か月後に「在留資格認定証明書」が交付され東京の行政書士の元に送られてきた。しかし在留資格認定証明書が交付されたからといってこれで終わりではない。在留資格認定証明書を現地領事館に提出しビザを発行してもらわなければならないのだ。国際スピード郵便でアメリカの自宅に送ってもらうことになったが当時はコロナの影響で郵便事情が極端に悪く郵便の遅延紛失が多発していた。PDFで対応してくれるよう領事館に問い合せたが「原本以外は絶対不可」の一点張りだった。もし途中で紛失したらどうするのかと聞いたらもう一度取り直してくださいと言われた。幸いに郵便は届いたが手にするまでは不安でしょうがなかった。領事館の柔軟性のなさと冷淡な対応が悲しかった。

在留資格認定証明書を提出するために領事館に出向いた。当時コロナ対策と称して領事館は業務時間を大幅に短縮し全ての業務を予約制にしたので予約を取るのが大変だった。三週間後にやっと予約が取れ領事館に行き在留資格認定証明書とパスポートを提出。その一週間後に領事館に戻りビザが貼られたパスポートを受け取った。郵便提出は認められず来館のみの対応だった。私は領事館が比較的近いから幸いだったが、遠方の方はどれだけ苦労しただろうか。

この時期夫がアメリカ市民権を取得することを決めた。カナダとアメリカは複数国籍を容認しているから夫はカナダ国籍を保持できる。夫の帰化に必要な書類はシンプルで、過去五年の住所、雇用者、渡航履歴を記す申請書、カナダ・パスポート、結婚証明書とグリーンカードのコピーだけだった。全てデジタルオンライン対応で弁護士を雇う必要もなく数か月で市民権を取得した。夫のアメリカ市民権取得の過程と、私の日本在留資格取得の過程のなんと対照的だったことか。私の給与明細書を見れば経済的に日本の家族のサポートは全く必要ないことは明白なのに、八九歳の無職の父の納税証明書を要求する日本の制度。「外国人は信用できないから徹底的に審査しますよ」という声なき声が聞こえた、日本という国の排他性と外国人への偏見を実感した経験であった。

在外日本人の心

二〇二二年四月ようやく帰国がかなった。帰国実現まで一年以上かかった。長くつらい道のりだった。母の一周忌の法事に参加し心の中で親不孝をわびた。朗らかで茶目っ気たっぷりだった母がいない実家は静かだった。一日で良いからもう一度だけ母に会いたかった。

二〇二二年一〇月ビザ免除国・地域籍者に対するビザ免除措置が再開され一日の入国上限も撤廃さ

れた。令和の鎖国はようやく終結したが、将来的にまた科学的根拠のない鎖国対策を行うのではないかという猜疑心と恐怖心が植え付けられた。日本から棄民され両親から引き離された心の傷は深かった。これ以上傷つけられることを避けるための防衛機制として、慈しみ誇りに思っていた日本から心の離脱を図る努力をはじめた。日本を思う気持ちや日本に貢献したいという意欲を意図的に封鎖しはじめた。このような心境になったのは私一人だけではないと思う。世界で活躍する多くの在外日本人の心が日本から離れてしまうことは大きな損失であり、グローバル化する世界から日本はどんどん取り残されていくだろう。

渡米してから三五年、常に日本を代表しているという気概と誇りを持って行動してきた。その自分が祖国日本から「外国人」とみなされ棄民される日が来るなどどうして想像できたであろうか。私が味わった苦しみと悲しみを次の世代には絶対に味わってほしくない。世界に羽ばたく日本人を応援する日本になってほしい。今は空から見守ってくれている母もきっと同じ気持ちだと思う。

一日遅れで外国人になった我が子

マクベイズ響子（アメリカ）

米国への移住と子どもの出産

若い頃、単身で日本を飛び出してから、あっという間に在米三〇年が過ぎようとしています。振り返ってみれば紆余曲折、いろいろとありましたが、感謝すべきことにこの国に住んでも良いという永住権も得られ、その後、良き縁にも恵まれアメリカ人の夫と巡り合い、子どもも授かりました。一九歳の時に初めて乗った飛行機でロスアンジェルス空港に降り立った時は、よもや日本で育った時間を超えてアメリカに住むことになるとは想像もできませんでした。

大抵の人は普段の生活の中で法律、特に国籍法などを意識することはあまりないのではないでしょうか。恥ずかしながら私もその一人でした……子どもが生まれて九一日目までは。

子どもは帝王切開で出産したのですが、私の身体の回復があまり順調にいかず、また産後鬱も発症してしまっていました。特に最初の一か月は浮腫などで立ったり座ったりがままならず、我が子のおむつを替えられたのは二か月目に入った頃でした。二か月の後半に入った頃から少しずつ回復の兆しが見えはじめて、子どもの届出について調べなくては、と思い立ち、在外日本領事館のウェブサイトを開きました。出生届の情報などすぐに見つかりそうなものですが、当時はいろいろクリックしても

日本国籍をとれなかった我が子

海外で子どもを産んだカップルに、こんなハプニングがありました…

なかなか見つからなかったのを覚えています。まだぼうっとしている頭がよく機能していなかったのかもしれません。そしてふと過去に読んだことのある、とある方の自伝を思い出しました。その方は七〇年代に日本で生まれたのですが、お父さんが外国籍、お母さんが日本人でした。その当時の法律ではなんと父親が日本国籍保有者でないと子には日本国籍が与えられない、ということでした。私はその方の自伝をまだ日本に住んでいた八〇年代に読んだのですが、当時びっくりしたのを覚えています。（注：この法律は八〇年代半ばに改正されており、父母どちらかが日本人であれば、子どもは日本国籍を得ることができる）このかすかな記憶もあり「ああそうだった、私（子の母）は日本人だけれど夫（子の父）は日本人ではないから、我が子は日本国籍が貰えないんだっけ」などとまだ機能していない産後のボケた頭で思い込んでしまったのかもしれません。それでもはっきりさせたい。二、三日たってから「そうだ、電話して直接聞いてみよう」と遅ればせながら思い立ち、領事館の電話番号を探して電話しました。

この日のことは今でもはっきり記憶に刻まれています。声で三〇代くらいと思われる男の職員の方が電話に出ました。そして大まかに次のような会話が交わされました。

私　子どもの出生届についてお聞きしたいのですが。
職員　お子さんの出生日はいつですか？
私　X月Y日です。
職員　……ということは、今日は九一日目ですね。期限を一日過ぎていますので、出生届は受理されません。
私　え？　それはつまり、子どもに日本国籍は与えられないということですか？

職員　法律ではそういうことになります。
私　体調が悪く出向けなかった、などは理由になりませんか？
職員　天災などで交通手段が遮断されていたという場合はそれが考慮される場合もありますが、そんな天候ではなかったですよね？
私　とりあえず期限が切れてからでも出生届を提出しに行っても良いですか？
職員　受理はされません。

頭をガーンと殴られた気分になりました。つまるところ「母が無知だったために本来ならば与えられるべき日本国籍を、我が子がなくしてしまった」ということです。しかも一日というニアミスで。その日は自己嫌悪とショックでご飯も喉を通らず、その後数か月も子どもに申し訳ないという思いから、ひたすら落ち込んで過ごしたのを覚えています。

とはいえ、過去の失敗をなかったことにすることはできないし、いつまでも落ち込んでいても埒があかないので気を取り直し考えてみることにしました。

○　現在の日本とアメリカの国際協定により、ビザ免除プログラムがあることで単期間の滞在ならば子どもも気軽に日本に行ける。
○　成人したらどちらにしろ、国籍を日本かアメリカか選択しなければならない……その場合は、今の時点では我が子はアメリカを選択するであろう。そうなった場合、今、日本国籍にこだわる必要はないのではないか？　と自己説得していました。しばらくは少し気が楽になり、まあ良いか、という気持ちになっていました。ところが、パンデミックが起こったのです。

外国籍の我が子

パンデミックで世界的に人の行き来が規制され、日本国籍保有者といえど、いろいろな制約を乗り越えないと日本に入国できないことになりました。時間が経ち、日本国籍者ならば入国できる！　となった時、我が子は外国籍。日本のビザ免除プログラムは停止されていたので、ビザを取らなくては入国できないとのこと。以前は領事館は普通に門が開いており、事前予約なしで入館できたのですが、パンデミックが発生してから全てオンライン予約システムになりました。そしてその予約がなかなか取れない、予約が取れないとビザが発給されず日本に行けない……という状況になった時に、またぞろ我が子が日本人の血を引いているのに、本来ならばビザを取らずに日本人として自由に日本を行き来できたはずなのに……と思い知らされることになりました。

そしてもう一つ。私と夫は、結婚という制度に薄い意識と関心しか持っていなかったので、子どもが生まれた時はいわゆる「事実婚」状態でした。しかし時間が経ち、何かあった時のために法的にちゃんと結婚しておいた方が良いよね、という同意になり、後に婚姻届を提出することになりました。私が今まで入っていた日本の親の戸籍を抜いて自分の世帯の戸籍を作成するわけですが、またまた領事館でショッキングな事実を知ることになります。

私　婚姻届を提出すると私が世帯主となる新しい戸籍が作られ、夫は備考欄などにこの外国籍者と婚姻している、ということが記載されるということを聞きましたが、子どもはどこに記されるのですか？

職員　お子さんは日本国籍を持っておられないのですか？

私　私が国籍留保の期限を知らなかったために、残念ながら持っておりません。

職員　今の日本の法律ではお子さんは「日本では存在しない人物」となります。

脳天に稲妻が落ちたようなショック、というのはこのことでしょうか。

いや、ちょっと待って。血の繋がっていない外国人の夫でさえも日本の婚姻届に記載されていて、戸籍の備考欄にも一応記載されて、私の伴侶として日本国から認識されているのに、日本人の子どもである我が子が「日本ではなき者」ってどういうこと？　意味がわからない。

私が住んでいる地域にも多くの日本人がおり、我が子のようにアメリカで生まれた日系の子どもたちがたくさんいます。その子たちはほとんど当然のように（我が子と似た状況で日本国籍を持っていないお子さんも稀にあり）日本国籍を持っています。ことあるごとに、我が子に申し訳なく思い、また自らの無知を思い情けない気持ちになります。しかし時間が経ちいろいろと調べるうちに疑問が湧いてきました。

関連している戸籍法と国籍法

戸籍法第四十九条「出生の届出は、十四日以内（国外で出生があつたときは、三箇月以内）にこれをしなければならない」

戸籍法第百三十七条「正当な理由がなくて期間内にすべき届出又は申請をしない者は、五万円以下の過料に処する」（国籍剥奪はされない）

国籍法第二条「子は、次の場合には、日本国民とする。一（一項）出生の時に父又は母が日本国民であるとき」

国籍法第十二条「出生により外国の国籍を取得した日本国民で国外で生まれたものは、戸籍法（昭和二十二年法律第二百二十四号）の定めるところにより日本の国籍を留保する意思を表示しなければ、その出生の時にさかのぼつて日本の国籍を失う」（出生後三箇月以内に留保届を出さなければ日本国籍を失う）

国籍法第十四条「外国の国籍を有する日本国民は、外国及び日本の国籍を有することとなつた時が十八歳に達する以前であるときは二十歳に達するまでに、その時が十八歳に達した後であるときはその時から二年以内に、いずれかの国籍を選択しなければならない」

国籍法第十六条「選択の宣言をした日本国民は、外国の国籍の離脱に努めなければならない」

日本国憲法第十三条「すべて国民は、個人として尊重される。生命、自由及び幸福追求に対する国民の権利については、公共の福祉に反しない限り、立法その他の国政の上で、最大の尊重を必要とする」

日本国憲法第十四条「すべて国民は、法の下に平等であつて、人種、信条、性別、社会的身分又は門地により、政治的、経済的又は社会的関係において、差別されない」

ＳＮＳへのコメント

先日、国籍留保をしなかったために子どもが日本国籍を持っておらず、日本では存在しない人になってており領事館でショックを受けたという話をＳＮＳで取り上げていただく機会がありました。ＳＮＳでは日本在住・海外在住どちらからも厳しくそしてどちらかというと否定的なコメントが多かったことに驚きました。

○日本以外の国籍を持っているなんて上級国民の特権。複数国籍なんて不公平。

○日本の出生届の期限は三か月じゃなくて一四日だった。自分も産後の疲れた体を引きずって行ったのだし、みんなもやっているし、あなたは三か月もあったのだからできないわけがない。

○自分も海外在住だけど、ちゃんと期限以内に留保した。法律を知らなかった親の無知が悪い。自分の無知を棚に上げて、ショックだったなどと言うな。

○日本に住んでいないし、日本国籍は必要ない。将来日本に帰って住む時に考えれば良いのではないか。

国籍法自体とは関連ない感情論になってしまいますが、日本人として正直なんだか少し悲しくなりました。日本って匿名だとこんな否定的なことを平気でぶつける民族だったっけ？　物価も医療費も保険料もバカ高い国で必死でサバイバルして、会社員としてずっと働いてきたんですが、それが「上級国民」なんですか？　と言いたいところです（そんなことを言ったら、日本人なら日本に帰って生活しろって言われるんでしょうね、きっと）。

それはさておき、確かに親としての感情論はあります。しかしそれ以上に、子どもの目線で考えた時にいろいろな疑問が湧いてきました。

○日本で生まれていたら二週間という短い期間ではあるが、万が一期限を超過しても罰金などを払い、諸々の手順を踏めば国籍剥奪という大事にはならない。外国で生まれた場合は、期限が三か月と延長されるが、超過した場合はなぜ国籍剥奪という深刻な罰が科されてしまうのか？　書類提出の滞りを懸念して作られた期限だとすれば、日本で生まれた場合のように罰金では済まない理由は何か？　なぜ日本と外国で生まれたという違いだけで、こんなにもペナルティに差があるのか？

○　国籍留保をしない場合は、その出生の時にさかのぼって国籍を失わなければならない理由は何か？　国籍法第二条で保障されていることとの矛盾は？　血統により国籍を与えられるのならば、なぜ三か月という短い期限が存在するのか？

○　複数国籍を認めないと言いつつ、それをシステマティックに確認するデータベースや、反則を是正するインフラは現存しない。現状は努力義務であり、自己申告制である。実際、成人した後も複数国籍の日本人は世界中に多数存在する。法的に規制するインフラさえ存在しない法律の意味は何か。

○　外国人の夫さえも日本人の法的な伴侶として認識されているのに、日本人血縁者である我が子がいかなる形でも国から認識される制度がないのはなぜか？　逆に養子縁組をすれば日本人と認められるのか？

○　不公平という話をするならば、子ども自身の本来の権利が、なぜ親の過失により剥奪されなければならないのか？　これは日本国憲法第一三条・第一四条に反しているのではないか？

○　日本が複数国籍を認めることによる問題点・認めない理由とは何か。多くの先進国は複数国籍を認めている。そういった国では有事の場合の法律も存在している。日本は国として複数国籍へのメリット・デメリットを細かく炙り出し、新たに法を見直すという議論はしているのか？

日本国籍再取得

国籍の留保をしなかった場合でも、国籍法一二条により、日本に住所を有すれば再取得は可能です。ただこの場合、観光などで短期滞在するのではなく、日本に住民票を持ち、学校証明などそこに生活の基盤があるという事実を証明できないといけません。祖父母など親類を頼ることができて、また子どももそこに住民票を置かせてもらい学校に通ったりして再取得される方がいるようです。それは理想的には簡単なことのように思えますが、様々な事情により、どの家庭でもできることではありません。申請する子どもの年齢によっても申請要項は微妙に変わってくるし、頼れる親類もいない場合や、あるいは家族が離れ離れでしばらく生活しなくてはならないという負担なども決して小さくはありません。保護者が一緒に日本に行く場合、仕事の存続や、永住権でアメリカに住んでいる場合は国外に滞在する期間の制約も考慮しなくてはなりません。私個人に関しては、この「代替案」は実行が難しいものです。国を跨いで生活基盤を移すというのは誰しも簡単にできることではありません。知人には「そのうち法律が変わるんじゃない？」と慰められることもありますが、それを「期待して待つ」だけではあまりにも無力に感じます。

私は、代替案を考慮に入れつつも、法の改正への発言・要求への努力も同時に進めていかなくては何も変わらないと感じています。個人的には、ただ「複数国籍を認めろ」と言及するだけであったり「法律は変わらないからしょうがない」と諦めたりするのではなく、「国民みんなで声を上げて、議論し、法律を変えていこう」という姿勢と行動が重要であると考えています。私たちの未来への希望である日本人の子どもたちにとって、日本が豊かな国となるよう、国籍法の改正を強く願っています。

日本人から自動的に国籍を奪う国籍法一一条一項とは？　自身の体験から

清水裕子（カナダ）

不法滞在者になった私

法務省の在留外国人統計によると、二〇二三年六月時点で、日本で在留資格を持つ外国人が三二二万人と三〇〇万人を超えた。その中で永住・定住している人が約一四三万人で在留外国人の四四％を占める。一方、永住・定住でない在留資格保持者は約一七九万人で在留外国人の五五％である。この永住・定住でない在留資格の中で「日本人の配偶者等」というカテゴリーに入る人が約一五万人いる。私は二〇二三年八月に、出入国在留管理庁から「日本人の配偶者等」に分類される「日本人の子」として五年の在留許可をもらい、合法的にカナダ人として日本で生活できることになった。二〇一八年一〇月に、北米滞在二〇年を経て、親の介護のため永住ベースで帰国した時点から数えて約四年以上経っていた。

私は、日本人の両親のもとに日本で生まれた、日本の戸籍を持っていた日本人である。しかし、二〇一八年一〇月に帰国以来、本籍地の区役所が国籍喪失届を不受理としたため、カナダ人としても日本人としても手続きが進まず、結局、法務省から不法滞在外国人であると通告された。戸籍は、日本国籍を有することを証明する唯一の公的書面であるが、行政手続き上、国籍喪失届が受理されなければ物理的な戸籍消滅はない。よって、私は、日本の国籍喪失届が不受理となり、戸籍が物理的に存在するという特殊な状況におかれ、出入国在留管理庁での在留許可申請の審査が中断された。結果、法務省から不法滞在者という通知を受け、日本を出国することも、仮に出国できても再度入国することが五年間できないという状態に四年以上おかれた。この間、私の頭の中では、どうしてこういう状況になったのか、なぜ？　という疑問ばかりであった。

この問題の根源は、一八九九年明治時代につくられた日本の国籍法一一条一項が「外国の国籍を志望して取得した者は日本国籍を失う」と定めているためである。日本政府はこの条項を根拠に、他国籍を取得した日本人から自動的に日本国籍をはく奪している。二〇一八年三月、スイス等に居住する原告八名が国籍法一一条一項は違憲であると東京で提訴し、続けて二〇二二年六月に福岡で、同年一二月、私は京都発、日本で三件目の国籍法一一条一項違憲訴訟の原告となった。訴訟の原告となったのは、グローバル化が進んだ二一世紀の世界において、日本の国籍法が時代遅れであり、国や社会の進展を阻む法律であると確信したことによる。

日本国籍と他の国籍を持つ多重国籍者は、二〇一八年推計で約一〇〇万人とされ、国際結婚した両親を持つ二重国籍保持者が大半である。この他に、私のように海外で長く暮らし、諸事情により居住国の国籍を取得した人々も推計一〇万人以上存在する。日本の国籍法は、二重国籍を認めない原則であるが、出生による二重国籍者に対して、日本政府は容認せざるを得ない現状である。一方、私の例のように（志望によって）外国籍を取得した日本人が、永住ベースで日本に帰国する場合は、日本の戸籍が物理的に存在していても、国籍法一一条一項が厳密に運用され、戸籍が外国籍取得日に遡り除籍され、日本国籍がはく奪される。ここでは、私の体験を通して、外国籍取得が自動的に日本国籍はく奪に繋がる国籍法一一条一項に付随する行政手続きの矛盾、さらに、この国籍法一一条一項が、日本や日本社会にどういう影響をもたらすのかを、多くの人が考える機会となれば幸いである。

カナダ国籍取得と日本国籍喪失届の不受理

私は、一九九九年にアメリカの大学に研究員として留学し、翌年、カナダ人と国際結婚し、二〇年間、北米に居住した。夫が大学教員という仕事柄、世界各国を移動することが多かったこと、私のカナダでの就職・研究における差別・機会等を鑑み、二〇〇七年カナダ国籍を取得した。夫、夫の家族、多くの友人たちも祝福してくれ、ようやく本当の家族、カナダ社会の一員となった気がした。これで、同じネイビーカラーのカナダのパスポートで、家族で一緒に出入国審査に臨むことができる。カナダでは、私と同様に多くの日本人の友人が国際結婚し、家族・子どもがいる。カナダ国籍を保持していないためのデメリットは、就職での差別や研究資金をもらえない、納税者でありながら選挙権がないなど多く存在する。しかし、国籍法一一条一項があるため、カナダ国籍を取得してしまうと、日本国籍を保持できない。さらに彼らの子どもたちは一八歳になってから二年以内に、カナダか日本かという踏み絵のような国籍選択を迫られる。どちらの親も国も、子どもにとっては同じように重要で、血の繋がった親戚や、多くの友人、自分のルーツがある国である。

私は、一生カナダで過ごすものと覚悟していたが、二〇一八年初夏、八〇歳を超えた父親ががんになり、二〇年ぶりに永住ベースで帰国することにした。帰国にあたり、カナダ国籍保持者として日本永住のための手続きをする必要があった。まず、カナダ国籍取得の事実を、現地トロント領事館や日本の本籍地の役所に正直に相談し、必要といわれた書類をそろえた。この時点で、私は、自身が国籍法一一条一項の対象となり、日本国籍喪失や役所で手続きするまでもなく、カナダ国籍取得の二〇〇七年にさかのぼり日本国籍が無効とされることを、理解できていなかった。とにかく、法律にのっとり、行政側から言われたとおりに手続きを進め、二〇一八年一〇月帰国後には、日本人の実子としての在留許可が下りる段取りをした。

しかし、帰国後に訪れた本籍地の区役所で、カナダの市民権証に取得「年月」しかなく「日にち」がないという理由で国籍喪失届が不受理となり、在留許可申請の審査がストップした。本籍地の区役所に国籍喪失届を受理してもらうため、何度も足を運び、その都度、カナダの市民権証、パスポート、市民宣誓式のセレモニアルレター（宣誓式の年月日がある）を提示し、カナダ国籍取得が確認できる書類があるのだから、国籍喪失届の不受理はおかしいと主張した。しかし、区役所は年月「日」の入った市民権証が必要であり、取り直してくるようにと言い張り、国籍喪失届を不受理とした[*1]。このままでは九〇日の短期滞在ビザが失効し、最悪、国外退去という事態に直面した時のストレスといったら、今までの人生で三位以内に入る最悪の心身状態だった。日本の在留資格専門の行政書士や弁護士に泣きついて相談したが、「区役所が、年月日の入ったカナダの市民権証が必要だというなら、それがないと無理でしょうね」というだけである。カナダ移民局のウェブサイト情報では、カナダの市民権証の再発行には六か月以上かかるとあり、二〇〇七年の市民権証の再発行をしても、そこに年月「日」が確実に入るという情報は見当たらない。最後の手段として、当時の東京出入国管理局に出

＊1　二〇一二年一月以降、カナダ市民権証は、レターサイズで年月日記載がある書式に変更されている。

向き、担当の職員に、全ての手持ちの証拠書類を広げ、領事館や本籍地の区役所の指示通り、法律に従い手続きを進めてきたこと、在留許可申請は、帰国前の九月から東京入管で審査中であること、区役所での国籍喪失届不受理の経緯、親の介護のための帰国、大学への就職も内定していることなどを一生懸命に説明した。この時の私は、文字通り必死に！　訴えた。私には非がないという事情を理解してくれたのか、必死の願いが通じたのか、二〇一八年一二月一四日、東京入管は、私のカナダ・パスポートの九〇日短期ビザに「キャンセル」「日本国籍判明のため」というスタンプを押してくれた。地獄で仏！　とはこのことである。この特別処置のおかげで、私はとりあえず日本人として住民票などの手続きを進め、新しい生活を送ることが可能となった。二〇一九年四月から京都の大学で年間一、〇〇〇人近くの学生を教育し、税金を納め、それなりに日本社会に貢献していたはずだった。

二〇二〇年六月、私の日本国籍保持は判明しているのだから、日本のパスポートを持っておいた方が大学の引率などの業務遂行に便利と考え、一般旅券発給申請を行った。しかし、六か月後、外務省から旅券発給申請拒否の通知が届き、法務省からは、私が不法滞在外国人であり、日本から出国できないと通告してきた。法務省は、国籍法一一条一項により、(物理的に存在する) 私の戸籍はもはや無効であり、外国人として適切な在留許可をもっていないため、不法滞在外国人である、と主張した。一般人の私には、この法務省の主張は、とうてい理解しがたく、理屈の通らない言いがかりにしか聞こえなかった。

世界での人材争奪戦と国籍法一一条一項の矛盾

私のこの体験は、複数国籍を悪とする明治時代の法律を引き継いだ国籍法一一条一項の存在と、それを根拠に国の正当性を貫こうとする、ちぐはぐな行政の対応の矛盾が露呈したものである。「重国籍者をできるだけ減らす」という目的と、その手段としての国籍法一一条一項は、その対象となる日本人が、他国の国籍を取得したと同時に「本人の意思に関係なく、国が日本国籍を自動的にはく奪できる」と国の行為を正当化し、国籍はく奪という人権の根幹にかかわる問題の重大性とその影響については完全に無視している。海外に長く暮らし、就職やビジネス、研究環境などの必要性から居住国の国籍を取得する日本人は少なからず存在するが、その対象となる日本人数は、法務省も把握することはできない。二〇一四年からの一〇年間に国籍喪失届を法務省に提出した人数は、一万三、〇〇〇人余りであるが、国籍法一一条一項の対象となる日本人は、推計一〇万人以上存在し、今後も増加すると予想される。

職場の大学で、教員紹介記事の取材時に撮ったプロフィール写真、二週間後に手術を控え心中にはいろいろありました

二一世紀の日本国にとって、日本人である人々に多重国籍を認めない根拠はどこにあるのか。私が住んでいたカナダ・トロント市では、一〇〇か国以上の言語が話され、世界から移住した友人たちは当たり前のように何冊ものパスポートを持っている。カナダは、グローバル化と多様性、人権を尊重する国であり、毎年二〇〜五〇万人の移民を受け入れており、カナダ在住の私たちにとって複数国籍保持は普通のことであり、将来は「グローバル・パスポート」が発行され、どこの国のパスポートということも重要でなくなるのではと考えたりもする。二〇二三年五月、広島で開催されたＧ７の七か国

中、複数国籍を認めていないのは日本だけである。ドイツは、厳しい国籍法で有名な国だったが、一九九九年に出生地主義を取り入れ、二〇一四年からは条件付きで重国籍を認めるようになった。さらに、「優秀で勤勉な外国人」の受入れを加速するために国籍要件を緩めている。

「優秀で勤勉な外国人」の獲得は世界市場での争奪戦であり、日本の将来にかかわる大きな課題である。日本は、少子高齢化が加速し労働力確保・経済成長がより困難になるという厳しい状況に直面している。厚生労働省から二〇二三年四月に発表された日本の総人口予測は、現在の一億二、六〇〇万人から約五〇年後の二〇七〇年には、八、七〇〇万人に減り、二〇二〇年と比較すると、三〇％（三人に一人）の人口減少、さらにそのうちの約四割が六五歳以上の高齢者となる。政府は、その解決策として、日本に住む外国人が増加し九人に一人が外国人となり、日本人口を下支えするとしている。しかし、多くの移民が日本を選択するだろうか。これまで日本は、日本に永住・定住する移民は必要ないというスタンスをとってきた。そのため、多くの経済移民（労働者）が必要とする職業環境や家族生活のための法制度が整っておらず、魅力的な報酬や家族の教育環境なども他国に比較し非常に劣っている。さらには、日本の賃金が、国際先進国の中でも低水準となり、日本の若い世代が賃金の高い海外に流失し日本を捨てはじめた、というメディア報道もされている。日本の将来を考えれば、国籍法一一条一項を改正し、海外在住の日本人に、居住国の国籍を取得しても日本国籍保持を認めることで、多くの人が日本人として世界中で思う存分活躍できる。ノーベル賞受賞者である南部陽一郎さん、中村修二さん、真鍋淑郎さんについて、日本のメディアは「日本人がノーベル賞受賞」と報道したが、この方々は、日本国籍をはく奪されており、もはや日本人ではない。日本が本気で「優秀で勤勉な外国人」を獲得したいならば、世界の人々から選んでもらえる国と社会になることが必須である。

法制度や環境を整え、誰にとっても、働きやすい、住みやすい、開かれた国になる必要がある。私の専門は経済学だが、経済学的分析によると、移民と多様性に富む社会は、経済成長がプラスになるという結果が出ている。二一世紀のグローバル化、多様性が重視される中で、国籍法一一条一項が改正されないかぎり、海外経験を積んだ、日本社会に多大な貢献をできる日本人が、居住国での仕事の機会制限や研究費獲得資格などの不利益を改善するため他国籍を取得した時点で、自動的に日本国籍をはく奪される状況が続く。

私たちの国籍法一一条一項違憲訴訟は、二〇二四年春の時点で、東京最高裁では棄却、福岡地裁では敗訴という結果である。この訴訟を通じて私は、国籍という基本的人権尊重の議論の欠如、裁判という国家側による判断と裁きが、三権分立の理想とは程遠いこと、多くの日本国民が、複数国籍保持者に対し、勝手に海外に行ったのだから自己責任であり、日本国籍を失っても当然といった意見を強く持っている、と感じている。それは裏返せば、グローバル化の世界から取り残されている日本社会の現実を映し出しているとも言える。私たちの訴訟が、国籍法の本来の目的を議論し、誰のための法律なのか、日本人である私たちから日本国籍をはく奪することによって日本国・社会として何を得るのか、という現実を多くの人に考えてもらいたい。また、日本が、多様性と人権を尊重する、誰にとっても暮らしやすい国になることを切に願っている。

国際夫婦——スウェーデンで暮らし、働く

カールソン恵梨香（スウェーデン）

日本で生まれ育った私は、大学生の時の交換留学で初めて海外に長期滞在しました。留学先はスウェーデン。スウェーデンを留学先に選んだのは、英語が主要言語でない国（スウェーデンの主要言語はスウェーデン語）で学ぶことで、他の人とは違った視野が得られるのではないか、また女性の社会進出が進み高福祉と言われる国についてもっと学びたいと思ったからです。実際にスウェーデンに住み、いろいろな話を聞いたり勉強したりする中で、スウェーデンでは労働者の権利が比較的強く、男性にとっても女性にとっても働きやすそうな環境だという印象を受けました。

スウェーデンへ移住

留学から数年後、留学先で知り合ったスウェーデン人と結婚することになりました。一緒に暮らすためにはどちらかが外国人として相手の国に引っ越す必要があったので、日本とスウェーデンどちらに拠点を置くかいろいろ相談しました。

当時私は日本で会社員をしており、日本でこのままキャリアを続けることに不安を持っていました。多くの女性がキャリアと家庭の両立に苦労し、結婚や出産を機に退職したり、働き方に制限をかけた

りしているのを目の当たりにしていたからです。私は結婚や出産をした後も仕事をしたいと思っていました。仕事を通して住んでいる社会に参加したい、自分のスキルを社会で活かしたい、そして（配偶者の収入に頼るだけでなく）経済的に自立した大人でありたいという思いがあったからです。夫も結婚や出産で私にキャリアを諦めてほしくないと言っていました。というわけで、スウェーデンの方が私たちの目指す生き方を実現しやすいと思い、結婚後はスウェーデンに住むことを選びました。

スウェーデン人と結婚して相手の国へ引っ越すと周りに伝えると「専業主婦になるの？」「相手の両親と同居するんでしょう」という反応が多かったので驚きました。スウェーデンではいわゆる専業主婦は一般的でなく、就労していない人も学生だったり職業訓練を行っていたりで、家庭外でなにかしらの活動をしている女性が大多数です。

そうはいっても外国人にとってスウェーデンで仕事を得るのは簡単なことではなく、何の仕事を目指すのかを決めるまでとても悩みました。スウェーデンでは大卒以上の外国人が学歴を活かした仕事を見つけるのは（医療系・技術系を除くと）難しいといわれています。日本では学校で勉強した内容と特に関係ない仕事に就くことは一般的ですが、スウェーデンでは仕事と勉強した分野との関連性が求められます。

私は仕事に直接役立つ専門性は持っていなかったので、求人広告を見るだけで求められるスキルを持っていないことをヒシヒシと感じました。更に来たばかりの頃はスウェーデン語もできないので、手続きなども夫に頼ってばかりでこの国では自分には価値がないように感じてしまった時期もあります。スウェーデンでは英語はほぼ通じるのですが、問い合せなどはスウェーデン語でするほうがスムーズだし、現地の言葉ができる方が仕事やスキルアップの幅も広がるので、引っ越し後、一、二年目はスウェーデン語の習得に専念しました。

スウェーデン語ができるようになった二年目、長期的なキャリアプランを考え、スウェーデンの大学へ学部から入り直し専門職の資格が取れるプログラムを勉強することにしました。スウェーデンでは配偶者として居住許可を得ている場合、大学の教育を無償で受けることができます（執筆日現在）。そのお陰で日本人の私も学費を負担することなく、引っ越して数年間勉強に専念することができ、とてもありがたかったです。

第三言語のスウェーデン語で、現地出身の学生と肩を並べられるよう勉強するのは毎日努力の連続でした。勉強の重圧をテストの度に乗り越えているうちに、卒業後の進路も具体的に考えるようになりました。そこで挑戦してみたいと思ったのは、目指していた専門職資格を持った人のみが就ける公務員の一職種でした。仕事内容にとても興味があった上に、その仕事を経験すればその後もたくさんの扉が開く、とても魅力的な仕事です。応募にはスウェーデン国籍が必要でした。

とても悩みました。当時既に永住権は持っていたので、その仕事を諦めて他の仕事に応募することもできました。けれど、その仕事への興味は勉強をしていくうちどんどん大きくなって、せっかくここまで苦労して勉強したのだから行けるところまでとことん進んで挑戦してみたい！　と思うようになりました。

国籍申請までの思い

最終的に、三〇歳の誕生日を迎えた後にスウェーデン国籍の取得を決心しました。一番の理由はやはり仕事のため。国籍のみを理由に自分の夢を諦めたくなかったのです。

二番目の理由は、スウェーデンの国政に有権者として参加したいという思いです。生活の拠点は既に夫婦で生活の基盤を築いたスウェーデンになっていました。また、選挙制度・人口の違いから、スウェーデンで一票を投じる方が、日本で一票を投じるよりもはるかに影響力があると気付いたのです。日本の国政は小選挙区・比例代表並立制のため死票が多く、当選しなかった候補者・党に投票した人々の意見が反映されにくい制度です。それに対しスウェーデンの国政は比例代表制なので死票の割合が低いのです。日本の選挙で政治に自分の声が届きにくいと感じていましたし、海外に引っ越してからは在外投票制度の手続きが煩雑で、間に合わなくて投票できなかったこともあります。持っていても上手く活かせない選挙権を持ち続けるよりも、住んでいる国での投票権を得てもっと社会参画したいと思ったのです。

三番目の理由は、過去よりも未来に焦点を当てたいと思ったことです。日本で生まれ育ったことはとても大切な私の歴史。国籍がどうなってもそれは変わりません。でもこれからできることには大きな違いがあります。迷うならば、わくわくする選択肢を選ぼう！　と気持ちを固めました。

国籍を申請して結果が出るまでは一週間という速さでした。けれど、私が結果を知ったのは郵便を受け取った数日後。国籍を与えられてから手紙を受け取るまでの数日間は自分の国籍が何か知らずに過ごしていたと思うと、不思議な感じがします。

スウェーデンで働く

その後大学を卒業し、幸運にも目指していた公務員の職に就くことができました。実際にその仕事を経験するのは話に聞いていた以上に面白くやりがいがあり、成長の機会もたくさん得られました。

社会的に重要な機能を果たしている機関の仕事でしたので、仕事を通じてスウェーデン社会に貢献できることにも喜びを感じました。この公務員職を経験したことで他の仕事への道も開け今はスウェーデン国籍が必要ない仕事に就いています。これも初めの仕事を経験したからこそ可能になったことなので、国籍取得の後悔はしていません。後悔こそしていませんが、コロナ下で日本国籍を持っていないと日本に入れなくなってしまった時は戸惑いと失望を感じました。

子どもにも恵まれ、現在は子育てをしながら仕事をしています。子どもの世話は夫と分担し、赤ちゃんの時の育児休暇もはじめは私、その後夫が数か月取得しました。夫がプレスクールに迎えに行く日もあれば私が行く日もあります。忙しい毎日ですが、子育てと仕事の両立はしやすいと感じます。子どもの有無にかかわらず長時間労働が前提でない働き方、男性も育児をすることが当たり前という見方、そして育児休暇制度が整っていることが良いと感じます。男性の育児休暇取得率も高く、数か月単位で取る人もたくさんいます。私が日本で働いていた職場では、想像もつかないことでした。

出身にかかわらず、今住んでいる国の社会と繋がりを持つことは個人にとって大事なことだと思います。その方法は仕事以外にもいろいろありますが、私が目指したのは仕事や参政権を通じて社会へ参加する方法でした。今実現できていることを嬉しく思っています。そのために現地の国籍も取得しましたが、日本はずっと祖国であり私自身のアイデンティティが変わったとは思っていません。自分のルーツである国、暮らしている国、どちらも大切な国であり、どちらかを選ばなくても良い国籍制度に変わることを祈っています。

日台国際家族と国籍法

大成権真弓（台湾）

はじめに

筆者が会長を務め、過去二五年にわたり主に日台国際家族の問題を検討してきたボランティアグループの「居留問題を考える会」[*1]（以下、当会という）が会員に提供した情報の中で最も多い問題は、日本と台湾の国籍法に関することである。この度、国際結婚を考える会（ＪＡＩＦ）より寄稿の依頼をいただいたことは、この重要な問題を再確認する良い機会となった。

台湾における日台国際家族の悩みの種は、やはり日台二重国籍の子どもの「日本国籍選択宣言届」提出の件だと思う。選択という言葉に惑わされて、日本か台湾かのどちらかの国籍を選択しなければならないと考えてしまいがちである。この国籍選択の問題に加え、台湾有事が取りざたされる昨今、兵役との関係で国籍の喪失を考える者も増えてきている。本稿では最近の台湾を取り巻く状況と国籍法について考えてみたい。

＊1　https://sites.google.com/site/kyorumondai/home 一九九九年一月発足、現在の会員数四二〇人、二〇二一年度外務大臣表彰受賞、二〇二四年末を以て活動を終了する予定。

一、日台国際家族の現況

日台国際家族は、恐らく日本と台湾のどちらの国で暮らすか、その生活環境により、自分や子どもの国籍に対する意識や認識はかなり異なると考えられる。

現在台湾で生活する日台国際家族の一人として、台湾在住の国際家族の現況をまず検討したい。二〇二三年一月末現在、台湾の総人口は約二、三四〇万人である。そのうち長期滞在の居留ビザを得て「外僑居留証」（外国人在留カードに相当する。以下、居留証という）を取得している外国人は、約八五万二、〇〇〇人である。そのうち日本人は約一万六、三〇〇人である。

表①「台湾人と結婚した外国籍配偶者（日本人など）の最近の推移」によると、二〇二三年一〇月末現在、台湾在住の台湾人と結婚している外国人は、約二〇万七、六〇〇人である。日台国際家族の日本人は約五、九〇〇人で、在台日本人全体

日本人配偶者				ベトナム人配偶者		
計	男性	女性	前年比増加数	計	男性	女性
4,628	2,176	2,452	(101)*	95,937	791	95,146
4,718	2,241	2,477	90	99,858	1,072	98,786
4,916	2,293	2,623	198	104,630	1,481	103,149
5,115	2,357	2,758	199	108,340	1,882	106,458
5,363	2,432	2,931	248	110,217	2,140	108,077
5,578	2,495	3,083	215	111,261	2,325	108,936
5,832	2,607	3,225	254	112,374	2,567	109,807
5,918	2,645	3,273	86	115,833	3,167	112,666

の約三七%に当たり、男性が約二、六〇〇人、女性が約三、三〇〇人で、ほぼ同規模であり、直近数年では、二〇二三年を除き、毎年二〇〇人前後で増え続けている。統計上は中国・香港・マカオ籍と外国籍の配偶者数を分けているが、外国籍配偶者の国別で最多はベトナム籍であり、男女比では、女性が突出して多く、約一一万二、六〇〇人で、男性に対して、三七倍に及んでいる。中国・香港・マカオ籍配偶者数は更に多く、それ以外の外国籍配偶者数の約一・八倍に及んでいる。外国籍配偶者の国籍別ではベトナム、インドネシア、タイ、フィリピンなど華僑人口の多い国々が上位を占めているが、日本も順位上では五番目と決して低くはない。既に台湾に帰化して中華民国国籍を取得した者も含めると、実際には日本人配偶者はさらに多い。

二、日台国際家族の重国籍問題

台湾では、一般に重国籍は黙認されているが、

表①：台湾人と結婚した外国籍配偶者（日本人など）の最近の推移

台湾人と結婚した配偶者国籍別	総計	中国、香港、マカオ籍	外国籍配偶者		
			合計	男性	女性
2016年10月末	519,312	349,242	170,070	17,871	152,199
2017年10月末	528,653	325,773	175,880	18,945	156,935
2018年10月末	542,677	359,344	183,333	20,229	163,104
2019年10月末	554,706	365,107	189,599	21,583	168,016
2020年10月末	563,515	369,381	194,134	23,180	170,954
2021年10月末	569,063	371,518	197,545	24,561	172,984
2022年10月末	575,779	374,850	200,929	25,926	175,003
2023年10月末	589,868	382,222	207,646	27,554	180,092

資料出典：内政部戸政司人口統計「各縣市外裔、外籍配偶人數與大陸（含港澳）配偶人數按證件分」https://www.immigration.gov.tw/5382/5385/7344/7350/8887/?alias=settledown に基づき筆者作成。

* 比較数は2015年11月末の日本人配偶者（計4,527、男性2,112、女性2,415）

原則として公職に就くことは制限されている。

二〇二四年一月一三日に、総統と立法委員（日本の国会議員に相当する）のダブル選挙が行われたため、二〇二三年一一月下旬頃から、本格的な選挙戦がはじまり台湾全土が騒然となった。その前哨戦で、ある副総統候補がアメリカ国籍との二重国籍であり、アメリカ国籍の離脱をしなければならなくなったという報道があった。また、野党の立法委員の比例代表候補に中国籍の国際結婚者で台湾に既に帰化した女性が挙がっていたが、まだ中国籍を喪失していなかったということが発覚し、世間を騒がせた。

台湾の国籍法第二〇条は、第一項で「中華民国国民が外国国籍を取得した時、中華民国の公職を担当してはならない。（略）」と規定し、第四項で「中華民国国民が外国国籍を有する場合本条に定める国籍制限を受けなければならない公職を務めようとする時は、就任前に外国国籍を離脱し、且つ就任の日から一年以内に、当該国国籍の離脱及び証明文書の取得を完了しなければならない。（略）」と規定している。

以前、実際に某立法委員が重国籍であることが発覚して解任されたが、詐欺罪に問うことしかできなかったため、その後「公務人員任用法」を改正して、重国籍により解任された場合には在職期間中の給与報酬を返還しなければならないと規定した。

議員の重国籍問題については、二〇一六年に日本で生じた、当時の民進党の蓮舫議員の日本と台湾の二重国籍騒動が思い起こされる。蓮舫議員は、日台国際家族の子である。出生当時の日本国籍法は、まだ父系血統主義を採っていたが、その後一九八四年の改正で、父母両系血統主義を採用した。蓮舫議員は、国籍法改正時未成年であり、経過措置期間に日本国籍を取得している。本来であれば、国籍選択届の提出は不要のはずだが、必要と言われ、更にマスコミの過激な攻撃的報道により、最終的には、必要もない台湾国籍の離脱まで行わなければならなくなった。

同じ日台国際家族の立場からすると、二重国籍の正当性に議論が向くのではなく、二重国籍は違法というような世論が徐々に形成されていくことに怖さを感じざるをえなかった。日本政府はこれまで「一つの中国政策」に基づき、外交関係がない台湾、正式には中華民国の国籍に対して、一国の国籍として対応をしていなかったはずであるにもかかわらず、一挙に二重国籍としてやり玉に挙げてしまい、他国の国籍も含めて二重国籍者に肩身の狭い思いをさせただけでなく、不安を募らせることになった。

台湾の国籍法は二〇〇〇年に、一九二九年の制定以来七一年ぶりに大改正された。私たちにとって最も重要な改正点は、父母両系血統主義の採用と日本人の帰化が可能になったことである。

日台国際家族の場合、以前の父系血統主義の国籍法では、父親が日本人、母親が台湾人の場合には、その子どもは台湾の国籍はなく、台湾で暮らすためには、外国人として親族ビザを取得し、「居留証」を入手しなければならず、三年毎に更新する居留証も成人して二〇歳（二〇二三年より成人年齢は一八歳である）を過ぎると更新できなくなった。そのため、ビザの変更が必要になり、学生ビザまたは就労ビザを取得しなければ、引き続き台湾で暮らすことができず、たいへん不便であった。二〇〇〇年の改正以後は、父母両系血統主義の採用により、台湾人の母親を持つ子どもも台湾の国籍を得て、成人後も制限されることなく台湾で暮らすことができるようになった。

もう一つの大きな改正ポイントは、帰化に関する規定である。外国人が台湾の国籍を取得するためには、原国籍の喪失証明が必要である。しかし、日本人の場合には、一九七二年の日台国交断絶以降、日本側の「一つの中国政策」により台湾への帰化ができなかった。つまり、台湾を一つの国と認めていないという日本政府の立場からは、日本国籍を喪失することで、無国籍になるという理由により、原国籍喪失証明を日本側から取得することができず、台湾に帰化できなかったのである。

二〇〇〇年の改正により、当時の国籍法の原国籍喪失につき第九条但書で「但し、当事者の責任に帰さない理由によりその証明を取得できないという理由が提出でき、なおかつ外交機関の検査の上、それが事実であることが証明された時は、この限りではない」と規定された。その結果、日本の「国籍喪失届け不受理証明書」を取得すれば、台湾への帰化申請ができるようになった。

その後の国籍法改正では更なる前進があり、現在、前述の原国籍喪失証明の提出不要の場合につき第九条第四項第三号に「一、第六条の規定により帰化申請する時。二、中央目的事業主務官庁が推薦するテクノロジー、経済、教育、文化、芸術、体育及びその他の分野の高度専門人材で、中華民国の利益を助けるもの……。三、当事者の責めに帰さない事由により、原国籍喪失証明を取得することができない時」と規定されている。高度専門人材の導入のために、帰化手続が緩和された。この結果として、日本人は台湾への帰化で二重国籍となる。

三、国籍の選択と喪失

蓮舫議員が提出しなければならないと言われた国籍選択届につき、日台の二重国籍者は本当に提出する必要があるのかという疑問が生じる。

この問題につき「日台複数籍者の国籍選択に関する人権救済申立事件[*2]」に対する勧告が、二〇二

＊2　https://www.nichibenren.or.jp/document/complaint/year/2021/210924.html

一年九月に日弁連から総理大臣と法務大臣あてに出された。勧告趣旨「一　台湾籍を選択する方法が認められておらず、日本国籍の選択宣言を行うことしか認められていない日台複数籍者に対して、国籍法一四条が規定する国籍選択を求めてはならない。二　日台複数籍者に対して、日本国籍の選択宣言を行わなかったとしても、国籍法上の義務違反に当たらないことを周知徹底するべきである」という内容である。

その後の日本政府の対応は、二〇二三年一月二四日付けで、法務省民事局第一課長回答が出ている。勧告趣旨一について「台湾出身者で日本国籍を有する者について、届出内容から日本国籍以外の国籍を有していることが総合的に確認・判断できる場合には、国籍法一三条の趣旨を踏まえ、届出により日本国籍の離脱を認める取扱いに変更した（令和四年八月八日付け法務省民一第一六八八号民事局民事第一課長回答参照）。なお、法務省ホームページの「国籍Q&A」について、上記取扱いの変更を踏まえ、該当部分を修正している」、勧告趣旨二について「国籍法第一四条第一項に規定する国籍選択義務のある重国籍者に、日本国籍の選択義務があるわけではないことは明らかである」という回答である。

以前、当会会員の子が台湾の警察大学を受験するに当たり、二重国籍の解消が必要という条件があり、日本国籍の離脱をしたケースがあったが、他の会員の問合せに対する法務局の回答は、台湾国籍に対して日本国籍は離脱できないというものであったので、この取り扱いには驚かされた。

また民事局回答への照会に対してその変更理由を「国籍法第一三条において、日本国籍を離脱するための要件として、届出人が『外国の国籍』を有していることを定めているのは、日本国籍を離脱した者が無国籍状態となることを防止するためである。これを踏まえ、台湾出身者で日本国籍を有する者について、届出内容から日本国籍以外の国籍を有していることが総合的に確認・判断できる場合には、届出により日本国籍の離脱を認める取扱いに変更したものである」としており、特に公務員を志望する者に限らず、一般人も重国籍であれば、日本国籍を離脱できるというものであった。ここには「一つの中国政策」は存在しないように見える。

一方、台湾の国籍法では、第一一条で国籍喪失を規定している。最近の改正により、二重国籍の場合には、未成年も一定年齢までに出国するなどの条件を満たせば、台湾の国籍を喪失できる。

最近話題になっている台湾有事に関連し、台湾には兵役があり、兵役義務期間が二〇二四年より現行の四か月間から一年間に延長される（二〇〇五年以降出生の男子）ため、日台国際家族に限らず、重国籍の台湾人においては、早いうちに台湾を離れて華僑身分を取らせたり、男子が生まれたら出生届を出さず台湾籍を取らない家族もますます増えていく可能性がある。当会へも台湾国籍の喪失や華僑身分の取得についての質問が増えている。

最後に、日本の国籍法に対しては、重国籍の容認を求める立場から、日本がグローバル化政策を引き続き推進するのであれば、その結果として今後ますます増えていく国際移動に伴う国際結婚や、海外永住を機に二重国籍の問題が生じるのは時代の趨勢であると言える。従って、ダイバーシティー社会を目指すならば、もっと寛容な法改正が必要であると考える。また最近は日台二重国籍の子どもたちが日本や第三国で就職するケースが多く見られるようになった。国際家族の子どもたちだけでなく、ノーベル賞受賞者に代表されるような外国に帰化した日本人が、今後更なる日本のグローバル化に貢献できる人材であることをもっと認識する必要があると思う。

日本人から外国人、そしてまた日本人

ホフマン理沙（アメリカ）

日本人が「外国人」になる

日本人の私は、三〇年ちかく米国に在住していましたが、その間、米国籍を取得し、国籍法一一条一項により日本国籍を自動喪失しました。コロナ禍の少し前から「日本人の配偶者等」の在留資格で、生まれ育った日本に外国人として居住、三年後に永住権申請が却下されたあと、帰化申請をしました。幸い法務大臣の認可により帰化申請が認められ、日本国籍を再取得して再び「日本人」になりました。その過程と体験についてお話ししたいと思います。

居住国の国籍が必要な理由

国籍法一一条一項に影響を受けている海外在住の日本人の方が多いことは、国籍剥奪条項違憲訴訟が四件も続いていることから、近年少しずつ知られるようになったのではないでしょうか。私は国際結婚をして、子育ても含み、仕事をしながら三〇年近く米国に居住していました。三〇代から六〇代という人生の主要な期間の拠点が日本ではなく、米国になったのです。このことは、人生を振り返り、改めて意識するようになりました。長年にわたり米国人の夫とともに米国で生きてきた日本人の一人として、まず、米国籍取得の必要性と、日本国籍喪失についてお話しさせてください。

米国では最初の一〇年ほど、永住ビザ（グリーンカード）で居住し、仕事をしていました。しかし、親の介護など、日本での長期滞在の必要性が生じた場合、半年以上（現在は一年までとなっています）米国を離れると永住ビザを失ってしまうことを意識するようになり、米国での拠点を維持するため、米国籍取得を決めたのです。永住ビザで米国に居住していた日本人の方が、ご両親の具合が悪くなり頻繁に帰国するようになったのですが、米国に戻るたびに入管で、なぜこれほど頻繁にしかも長期間米国を出国しているのだ、永住ビザ喪失の可能性があると半ば脅されたそうです。このことが一つのきっかけとなり、永住ビザの維持がいかに不安定になり得るか、ということを意識するようになって、米国籍の必要性を強く感じはじめたのです。米国籍申請の手続きをはじめてから、早くも三か月後には許可がおりて式典に出席し、国籍証明書を受理しました。選挙権も得て、米国に安定した基盤を持ち、コロナ禍前であったことから、いつでも日本に一時帰国できる状態でしたので、自分にとって適切な判断だったと感じていました。

国籍は自分のアイデンティティ

外国籍取得により日本国籍を自動喪失することは、米国籍取得前から理解していました。多くの海外在留邦人は、日本国籍が日本人である自分のアイデンティティであると感じており、居住地の国籍取得により日本国籍を失いたくないのです。つまり日本人でなくなってしまうことは避けたいのでしょう。そのため、居住国の国籍を取らず、非常にやりにくいことが多くても、永住権のままで住み続けている方が多いのです。配偶者や子どもと国籍が異なること、拠点が不安定であるばかりか選挙権もなく、国籍がないため希望する仕事もできないというケースが数多くあるようです。たとえばノーベル賞を取った真鍋淑郎博士がアメリカ国籍を取得し、日本国籍を自動喪失させられて、日本人ではなくなったことをご存知かと思いますが、国籍がないと大学などに所属し、研究に携わることができないケースが多いと聞いています。

私自身は「日本国籍」と「日本人としてのアイデンティティ」は別のものだという感覚でした。つまり、国籍を喪失させられても、自分が日本人であることを否定されるわけではない。自分は生まれてから死ぬまで日本人なのだと感じていることから、恐らく米国籍取得に大きな違和感を持たなかったのかも知れません。更に、国籍を喪失した元日本人が日本の旅券を使って入国すると、「旅券法違反」になるため、国籍法一一条一項は日本人を大切にしない法律だと憤りを感じていたものの、法律は遵守しなければならないという意識から、米国旅券を使って毎年一時帰国を続けていました。成田空港では毎回外国人の列に並んで入国していました。

コロナ禍前の「帰国」

結局、懸念していた長期間に及ぶ米国出国をすることはなかったのですが、高齢で一人暮らしをしていた母のことを気にしていた私のため、夫が、再び東京で仕事をするから、しばらく日本に戻ろうと提案してくれたのです。私は長年続けてきた仕事を退職し、年金の手続きをして、「帰国」することにしました。コロナ禍の少し前でした。米国籍の「外国人」ですから、在留許可を得る必要がありました。国籍自動喪失と国籍喪失届については認識していましたが、ビザ申請に必要な国籍喪失届はこのとき初めて提出し、戸籍に「日本国籍喪失」と記入されました。元日本人であれば「配偶者『等』のビザ（日本人の子という条件も含まれています）」取得が可能であり、確かに在留資格を取ることは元々外国籍の方より容易であると言えますが、ビザ取得には数か月かかります。コロナ禍の日本政府の水際対策により、日本国籍がないために「外国人」扱いされて帰国できなかった元日本人の方が多数おられて、親の介護や看取りができないケースも多くありました。国籍法一一条一項により日本国籍を失うことによって大きな問題が起こることを、コロナ禍で再認識するようになりました。

三〇年近く、毎年二、三回一時帰国していましたが、日本を拠点にして数年住むことができてからは、一時帰国と大きな違いがあることに気づきました。母が亡くなる前に定期的に会いに行けたこと、また、帰国直後に大学院を受験し、ほぼ高齢者でありながら修士課程の勉強や若い大学院生との交流ができたことを心から楽しみました。そして大学院卒業後、仕事を再開することになった上、長年会っていなかった親戚や学生時代の友人と頻繁に会っており、日本での生活を満喫しています。

永住ビザ却下と帰化申請

「配偶者等のビザ」は三年有効でしたので、日本に居住しはじめてから三年後、ビザ更新と同時に永住権を申請しました。三年に一度ビザ更新のため入管に行くことをかなり面倒に感じていましたので、一〇年近く更新せず維持できる永住ビザ取得を考えたためです。ところが、「配偶者等のビザ」は数日で問題なく更新できたものの、手続きから数か月後に法務省から「永住権の申請却下」という通知を受け取りました。国籍喪失は法律で決められているため仕方がないことですが、永住ビザの却下については非常に落胆しました。元々日本人である私が、永住ビザも取得できない？「却下」の葉書を見た瞬間、怒りの気持ちが湧き上がってきました。

この永住権却下が帰化申請の動機となり、その後、行政書士の方に相談し、お手伝いいただきながら帰化申請を進めていくことになりました。帰化申請について多くのことを教えていただき、一人で全ての準備を進めず、知識や経験の豊富な専門家に頼ることができたため、非常にスムーズに進みました。

元外国人が帰化する場合は五年以上日本に住んでいることが条件になっていますが、元日本人の帰化条件は三年以上の日本居住です（国籍法第六条）。更に、元外国人の帰化と比べて容易な条件としては、経済力や生活能力などの条件がなくても許可されることになっています（第八条）。それから、元外国人で日本人が配偶者である場合は、結婚期間が三年以上、居住期間一年以上が条件となっています（第七条）。https://www.moj.go.jp/MINJI/kokusekiho.html
行政書士に帰化申請の過程でいろいろなアドバイスを受け、申請開始に当たり、まず最初に必要書類の確認をするため、法務局に出向いて、事務官から必要書類の説明を受けました。ほぼ全ての書類はコピーを取って二部ずつ提出する必要があり、私の場合は米国に関係ある英語の書類もいろいろありましたので、その日本語訳の提出も要求されました。翻訳に関しては、申請者本人が訳すことができます。申請手続き案内書には、「日本語以外の文字で作成された書類には、翻訳者を明らかにした上で日本語の訳文を添付すること」と書かれています。

帰化申請に必要な書類は申請者により異なりますが、提出を要請される基本的書類は以下の通りです。まず、自身で作成する書類は……。

●帰化許可申請書
●親族の概要を記載した書類（子ども、本人および配偶者の両親、本人の兄弟姉妹の情報を記載）
●履歴書（学歴・職歴を詳しく記載。以下は注意事項として書かれている文です）
（注）一　「年」については、日本の元号で記載する。
　二　履歴事項については、古い年代のものから漏れなく記載する。たとえば学歴については、転校、中途退学、卒業の学部等についても記載し、職歴（本国での職歴や日本に入国した後に行ったアルバイト歴も含む。）については、勤務先だけでなく、担当した職種についても記載する。また、身分関係については、父母の死亡及び事実婚についても記載する。
　三　用紙が不足するときは、同一用紙を用いて記載する。
　四　この書面は、申請者ごとに作成するが、一五歳未満のものについては、作成することを要しない。
●生計の概要を記載した書類（収入と支出を記載。生活費、銀行預金、資産なども含む）
●事業主である場合は、事業の概要を記載した書類
●その他：「帰化の動機書」は手書きで作成する書類で、題名の通り帰化の動機を書いたところ、行政書士から、ここには米国籍を取得した理由を一ページほどにまとめるようにと言われました。なぜ帰化したいかという理由を詳しく書いたものは別途提出してはどうかと提案され、「帰化申請経緯説明書」として帰化の動機を三ページほど書きました。
区役所などから取り寄せた書類、保持している証明書などは……。

- 住民票
- 戸籍謄本（除籍という記録がありましたが、日本人の親の子であることを証明する書類となります）
- 国籍証明書類（米国籍取得の際に与えられた英語の証明書で、訳も提出しました）
- パスポート証明書（パスポートのコピーも勿論出すのですが、米国大使館に行き、公証人に、パスポート情報書という書類にサインしたことを証明してもらう書類です）
- 「外国人記録調査票」（主に米国在住時の日本への出入国記録です。米国籍取得した時点から帰化申請時点まで、私の場合は一〇年ほどですが、その間の出入国記録が全て書かれており開示請求によりハードコピーで郵送されます）
- 納税証明書（源泉徴収票、地方税納入証明書など）
- 収入証明書（勤務の証明、一か月の給与の証明）
- 公的年金保険料納付証明書（保険料の領収書など）
- 卒業証書、取得した資格（教職など）の証明書など
- 銀行口座の明細書（これは申請の一か月ほど前のものを提出しました）

書類提出後、法務局の担当事務官が決まると、電話で追加書類提出を指示されます。私の場合は行政書士のお陰で追加書類の請求はそれほどありませんでしたが、一人で対応していたら、いろいろな書類が不足していたのではないかと思います。帰化申請時には、行政書士の方がご同行くださり、法務局に何と百数十枚の書類を提出しました。行政書士の方が全ての書類をＰＤＦにして、提出書類をいつでも確認できる状態にしてくださいました。非常に有難かったです。

その後担当事務官から二回ほど電話があり、提出書類の内容（氏名、住所、職業など）に変更があるかどうか確認され、日本を出国し、再入国する際は必ず知らせるよう念を押されていました。つまり、帰化申請中も出入国が認められている、ということです。申請中の年には三週間ほど娘に会うためアメリカに行き、出入国はその一度だけでした。

面接の連絡は書類を提出してからちょうど半年後にありました。その直前に税金関係の追加書類が求められました。面接の日程が指定され、夫と一緒に来るよう指示があり、夫とは別々に面接されるとのことでしたが、事務官の日本語がほぼわからないとのことで、私が通訳する必要があったため、一緒に面接することになりました。配偶者も面接に呼ぶのは偽装結婚でないことを確認するためと聞きましたが、私の場合、配偶者は外国籍で、私自身の帰化申請なので、確認する必要があるのは逆のケースだと思われます。夫への質問は、彼も帰化申請する意思があるかどうか、その理由、出会いと結婚の経過などについてで、短時間で終了。私の面接は一時間ほどで、主に提出した書類の内容確認でした。帰化したい理由については何も聞かれなかったことが印象に残りました。面接の内容も、申請者によってかなり異なるようです。私と同じように外国籍取得により日本国籍を自動喪失した方が、同時期に帰化申請をなさいましたが、面接で、現地で暴力団と関わっていたか、政治的な活動をしていたか、などという質問をされたとのことでした。個人的な質問というより、リストにある質問を順番に聞いていたのではないか、とおっしゃっていました。

帰化申請許可（又は不許可）の通知には三か月ほどかかると言われていましたが、一か月半ほど経った後、事務官から電話があり、「提出書類に変更はありませんか」という質問からはじまって、「帰化が許可されました。許可が下りた日から二週間以内に在留カードを返し、三週間以内に戸籍の作成を」と言われました。官報を見ると、電話があった日の前日に私の名前が載っていました。これらの手続きに必要な書類が郵便局に届いたのが一週間後でしたので、事務官に言われた期限はそれぞれ一週間と二週間になってしまい、少し焦って区役所と入管に行きました。戸籍の作成に関しては区役所の方がとても親切に対応してくださり、作成から数日後には新しい健康保険証が送られてきました。名前が日本語になっていたので、少し嬉しい気持ちになりました。帰化により変更された部分は、もちろん外国人から日本人になったという大きな要素があるのですが、表面的には名前の表記のみです。帰化前は正式名称が英語表記だったのですが、帰化後は日本語表記になったのです。在留カード返却のため入管に足を運び、返却しようとしたところ、穴を開けて返されました。在留カードは四年間にわたり身分証明書として頻繁に使用していたので、記念物として保管しています。

再び日本人になったこと

日本国籍を再取得し、再び日本人となってから、数年間日本で外国人として暮らしていたことを意識するようになりました。もちろん米国居住中はアジア人として米国人との違いを感じるのは当然のことでしたが、日本では「私は日本国籍を喪失させられたので、ビザで日本にいる外国人なんです」と言っても、誰からも外国人扱いはされませんでした。一度だけクリニックの初診時、受付の方が私の保険証を見て、英語で名前が書かれていましたから「日本語がわかりますか」と聞いてきたことはあったのですが。つまり、特に表面的に差別されるという支障はなく、住民票や国民健康保険なども素早く取得でき、在留許可があれば、選挙権はないものの、住民として様々な条件が日本国籍者と共通しています。

日本国籍の選択宣言後、国籍法一六条が規定する「外国籍の離脱に努めなければならない」という努力義務により、複数国籍の維持が可能であると理解していても、外国籍を離脱しないことにより、日本国籍を喪失させられる不安を意識するようになりましたが、ハーフの方たちと同様の条件で、現在、約一〇〇万人いる日本人複数国籍者の一人として、再び日本人になれたことに感謝しています。

それと同時に、日本国籍を喪失させられた後、再取得する機会を得られたことが非常に幸運だったと感じており、長年永住ビザのまま海外に住んでいる日本人の方々、居住地の国籍を取得する必要性に迫られ、日本国籍を失い、日本人としてのアイデンティティも奪われたと感じている元日本人の方々のために、明治時代から続いている国籍法一一条一項を改正してほしいと心から望んでいます。

国籍の見えない壁

もりき　かずみ（ブラジル）

出生届は不要

近年、海外旅行に行く日本人も増え、「パスポートがいる」「ビザをとらなきゃ」といった国境を越える準備に備えることが当たり前になっていますが、ふだんの生活ではどれほど「国籍」を意識することがあるでしょうか。五〇年も前の私はそういった日本人の一人で、大学在学中に「国際学生演劇コンクール」に参加することになったとたん、自分が日本人だと意識しはじめ、訪れたヨーロッパの国々では「日本人としての振る舞い」など吹っ飛んでしまうくらい民族的、人種的多様性に圧倒されたのを思い出します。そしてその後も、「国籍」と「民族」や「人種」との関係については無関心のままでしたが、知らない世界に挑もうとベルギーへ留学する途を選びました。大学の演劇研究センターに在籍し、何年かすれば日本に帰るつもりだったのが、アルバイト先で知り合ったブラジル人と結婚し、子どもに恵まれ、学生の身分から家族を形成する社会人としての決断を迫られました。

結婚届や出生届を夫のブラジル領事館に提出した時に、ブラジル領事館から日本人である私にブラジルパスポート（写真）を発行してくれた時は、驚きながらも「これは便利だ」と思いました。二人で旅行する時など、二人のパスポートが違うと、カップルとしてなかなか扱ってもらえなかった時代だったのです。子どもの出生届も無事受理され（この時はわからなかったのですが、ブラジルの国籍取得は生地主義を取り、外国で生まれたブラジル人の子どもは一時的にブラジル国籍になるが、ブラジル帰国後には再取得が必要というものだった）、次は日本領事館に出向きました。しかしそこでは、思いもよらず、「あなたのお子さんの出生届はできません」と言われ、うかつにも「外国ではできないのか、日本でするしかないか」などと呑気に自分を納得させてしまったのです。その後、アメリカ合衆国に三年、ブラジルに五年暮らし、子どもの日本への出生届については頭の片隅に置きながらも、ブラジルのパスポートで出入国ができたためそのままになっていました。ところが、夫の日本への転勤が一九七八年に決まり、家族が日本に住むことになった時、娘たちの「国籍」問題が浮上しました。日本人であれば当然日本の公立学校にも入学できるはずですが、娘たちの場合、近所の小学校に転校したい旨を教育委員会に申し出をし、外国人としての転校許可を得るためには、「何があっても学校側に責任がない」旨の許可願いを出さなければならなかったのです。なぜ娘たちの出生届がベルギーの日本領事館で受理されず、日本国籍がもらえなかったかについては、「国籍法」という法律があり、新聞の報道で社会党の土井たか子衆議院議員（当時）が「国籍法」の日本国籍取得要件が「日本人父の子」であるのは女性差別だと指摘し、国籍法改正案を国会に提出されているのを知り、「納得」できました。それまで見えなかった「国籍の壁」を日本での生活の中で味わうことになるのです。

日本で外国人であること

早速、新聞記事にあった土井たか子議員の事務所に連絡したところ、秘書の方から国籍法改正に関心がある当事者の集まりがあり、それを支援する「アジアの女たちの会」というのがあると教えられました。「アジアの女たちの会」は渋谷に事務所を持ち、朝日新聞記者（当時）の松井やよりさんたちが創設した女性団体で、当時盛んだった日本人男性によるアジアへの「買春観光」反対運動を展開していました。アジア女性との連帯をかかげ、女性の視点から市民運動に取り組む団体でした。当時の国籍法にある「父系優先国籍法」は日本人女性への差別にほかならず、そのために日本国籍が得られない子どもの権利までをも奪うとして、土井たか子さんの国籍法改正案作りをサポートする国籍研究会も開催されていました。私にとっては、国籍の問題は大きすぎ、個人では解決のつかないもので、このような場がすでにあったことは感動ものでした。七人の女性たちが既に当事者の会「国際結婚女性の会」を作っており、自分も何かできるのではないかと思い、そこに加わって改正運動をはじめることになったのです。そこからが、私の勉強のはじまりであり、日本の中の外国人について知ることになりました。

「国際結婚日本女性の会」のメンバーたちとの話し合いをするうちに、当時の制度では外国人には指紋押捺義務があり、外国人登録証は近所の銭湯に行く時でも携帯しなければならない。また国際結婚といっても日本人女性の外国人夫と日本人男性の外国人妻の在留資格取得条件や日本に帰化する時の条件が違い、いずれも日本人男性の配偶者が優遇されていることなどがわかってきました。外国人である夫は家を購入する銀行ローンが組めなかったり、国民年金に入れない（一九八二年改正）など生活にも影響していました。こういった家族の状況を変えるのは当事者の自分たちでしかなく、そのためには社会に問題提起していかなければならないことを改めて認識し、会の名称を「国際結婚を考える会」と改め、メンバーを増やし、再出発をすることになりました。「アジアの女たちの会」がバックアップしてくれ、「国籍法の女性差別解消に取り組む団体」として紹介してくれた新聞記事が当事者の反響を呼び、全国でメンバーが増えていきました。

ちょうど当時の国際社会では国連総会で「女子差別撤廃条約」が採択され、日本政府が一九八〇年に署名したため、法務省も「国籍法」の女性差別を解消せざるを得なくなりました。「国際結婚を考える会」も署名運動や請願活動を展開し、改正案に期待していました。法制審議会の「国籍部会」が編成され、一九八三年に「国籍法改正に関する中間試案」が提出されました。「中間試案」は当然ながら日本国民の規定として、「出生の時に父又は母が日本国民であるとき」とされ、父母両系主義に改正されましたが、増えていくだろう重国籍者への処遇に次のような新しい規定を設けていました。

「国籍の選択」

「中間試案」では重国籍は絶対的に解消すべきものと考えられ、「国籍選択制度」を新しく設け、日本の国籍を選択する場合、外国国籍を放棄するという宣言を求め、外国国籍の離脱を条件にしていました。重国籍となるのは、父と母の両方の国籍を得る時だけではなく、生まれた場所の国籍を取得する生地主義の国籍法を採用する国も多くあり、両親が日本人であっても生地主義のアメリカで生まれた子どもは二つの国籍を持つことになります。その場合は、当時の国籍法では出生後一四日以内に「国籍留保届」が必要とされていました。また親の国籍を引き継ぐ血統主義を取るヨーロッパの国では、七〇年代に既に父母両系国籍法を採用していたので、たとえば日本人父とフランス人母を持つ子どもは当たり前に重国籍となり選択の義務はありませんでした。そのような状況で日本は国籍法を父母両系に改正するにあたって重国籍回避のため「国籍選択制度」を広い範囲で導入することを考えたのです。それは外国の国籍を有する日本国民はある一定の年齢までにどちらかの国籍を選ばなければならないというものでした。

「国際結婚を考える会」は猛反対、やっと日本人母の子どもも日本人となる権利を得た時に、なぜどちらかの国籍を選ばなければならないのか。「中間試案」を受けついだ国籍法改正案が提出され、国会での審議の中で私は当事者として参考人質疑に応じ、「国籍選択制度」の問題点を訴えましたが、重国籍者に対する国の姿勢が頑なものだと痛感しました。中間試案には「日本の国籍を選択し、外国の国籍を放棄する旨の宣言をしなければ日本の国籍を失う」という文言がありましたが、世界には国籍を放棄する制度がない国が存在するため、日本の国籍を選択しても他方の国籍を離脱できない場合があるということから、一九八四年の改正国籍法一五条では、「期限内に日本の国籍の選択をしないものに対して、書面により国籍の選択をすべきことを催告することができる」、そして「催告を受けた日から一月以内に日本の国籍の選択をしなければ、その期間が経過した時に日本の国籍を失う」となり、次の一六条では「選択の宣言をした日本国民は、外国の国籍の離脱に努めなければならない」という「努力義務」に変更されたという経緯があります。国籍は個人と国を結び付ける紐帯となるもので、個人のアイデンティティの形成にも繋がるものです。成人になるまでは重国籍を認めるが、その二年後までに選択する義務が生じる選択制度は現在も続いており、廃止を求める「国際結婚を考える会」の長年の請願活動に繋がっていきました。

「婚外子」の日本国籍

国籍法にある日本国民たる要件「出生の時に父又は母が日本国民であるとき」は、父母が婚姻中でなくても出生の時に日本人父が子どもの認知をしていれば父の戸籍に記載され日本国籍を得ていました。私が支援していたあるフィリピン人女性の二人の子どもの父親は同じ人でしたが、長女の出産前の認知は間に合わず、次女の認知が出生前にできたので、二人の姉妹でも妹は日本国籍、姉は外国籍という理不尽なものになっていました。母親であるフィリピン人女性は納得がいかず裁判に訴え、最高裁まで闘いましたが、二〇〇二年敗訴に終わりました。

その三年後、日本人父から認知を受けたが出生後だったため日本国籍が得られなかった子どもたちとそれぞれの母親の九組が集団で「国籍確認訴訟」を起こしました。改正国籍法第二条に「準正による国籍取得」という新しい条項がありました。子どもの出生後に父母が婚姻し、かつ子どもを認知した場合（これを準正という）、父または母が日本人であれば子どもは成人になるまでに届け出ることで日本国籍を得るというものでした。裁判は、この三条の「親の婚姻と認知」という条件が子どもの平等を妨げているという訴えでした。近年は多様な家族の形態があり、子どもは親の婚姻に責任はありません。二〇〇八年六月に出された最高裁判決は、「立法において合理的とされてきたことは社会的環境の変化によって失われており」、国籍法三条一項は、「日本国民である父から出生後に認知されたにとどまる非嫡出子に対して、日本国籍の取得において著しく不利益な差別的取り扱いを生じさせているといわざるを得ず、憲法一四条法の下の平等違反である」として、子どもたちの日本国籍を認める判断を示しました。その後国会では一二月に国籍法が改正され、翌年の一月に施行されています。

残された問題「国籍留保制度」

神戸のフィリピン人コミュニティで日本語クラスのコーディネーターをしていると、父が日本人でも日本の国籍がない若者と出会います。両親の婚姻中にフィリピンで生まれ、日本には出生届プラス「国籍留保」届が出されていないため、父の戸籍に記載されず、あるはずの日本国籍がなくなっている人たちです。国籍法一二条には、「出生により外国の国籍を取得した日本国民で国外で生まれたものは、戸籍法の定めるところ（「出生の日から三箇月以内に、日本の国籍を留保する旨を届け出ることによつて、これをしなければならない」）により日本の国籍を留保する意思を表示しなければ、その出生の時にさかのぼつて日本の国籍を失う」とあります。この場合、当事者が成人になる前に来日し、日本に住所がある場合には法務大臣に届けることによって国籍を取得できる（一七条）とされていますが、外国に居て未成年のうちに日本に来ることができるのはごく一部の人たちに限られています。来日していても私が出会った若者たちは国籍再取得が届け出によって可能であることを知らず、届け出年齢が過ぎていたり、父の行方がわからず書類が整わなかったりして個人の力では国籍再取得は簡単ではありません。

二〇一〇年に、日本人父とフィリピン人母とのあいだにフィリピンで生まれた男女一五人が日本国籍の確認を求める訴訟を起こしました。原告の子どもたちは、出生後三か月以内にマニラの日本大使館に出生届と国籍留保の届け出をしなかったために、日本国籍を喪失しました。「国籍留保制度」は日本で生まれた者には適用されず、子どもの意思と無関係に父母が留保の意思表示をしたかどうかで差別し、外国で生まれた婚外子（父から認知を受ければ出生後の時間の経過を問わず日本国籍を取得できる）は外国でも国籍取得が可能となっている。これらの点で国籍法一二条の規定は法の下の平等を定めた憲法一四条に違反すると訴えたのです。しかしながら残念なことに、二〇一五年最高裁は「一二条の規定は合憲」との初判断を示し、原告側の上告を棄却しました。「重国籍を防止する必要があり、届け出の期間が三か月ある点や、日本に住所があれば届け出によって日本国籍を取得できる点などから、規定は不合理と言えず、日本国内と外国で生まれた人への違いは合理的理由があり差別には当たらない」との結論を下したのです。

「国籍の壁」

人々は生まれた時代や場所（国）によって、それぞれの国が構築した数々の「国籍の壁」に囲まれています。戦前の歴史を振り返ってみても、外国人との婚姻で日本の女性たちは日本国籍を失い、また韓国併合や台湾の割譲など国による一方的な植民地支配による国籍変更がなされていました。国際結婚をした日本人女性の国籍が失われなくなったのは戦後の国籍法改正でした。日本人女性の子どもの日本国籍が実現し、婚外子の国籍が認められた背景は本稿で見たとおりです。現在、多くの日本人が国際社会で活躍し、多国籍社会が生活の基盤になり、居住国の国籍を取得する機会が多くあります。しかしながら日本の国籍法は「自己の志望によって外国の国籍を取得したときは、日本の国籍を失う」とあり、本人の意思にかかわらず日本国籍を抹消しているようです。

一九四八年国連総会で採択された「世界人権宣言」第一五条では「1 すべて人は、国籍をもつ権利を有する。 2 何人も、ほしいままにその国籍を奪われ、又はその国籍を変更する権利を否認されることはない」とあります。そして今も、人々によって「国籍の壁」を低くし、取っ払う努力が引き続き起きています。二〇一八年に海外在住「元日本人」たち八人から提訴された「日本国籍の自動喪失条項（第一一条）は憲法違反である」という問題提起は、多くの海外在住日本人や関係者の関心を呼び、その後も、二〇二二年福岡地方裁判所で、また二〇二三年大阪地裁でも「国籍はく奪条項違憲訴訟」が提起されています。二〇二三年九月最高裁は、最初の「国籍はく奪条項違憲訴訟」の上告を棄却しましたが、弁護団は審理が不十分だとして再審を求めています。（参考サイト http://yumejitsu.net/）このような粘り強い人々の努力があり、増えるであろう移住者のあり方によって、複数国籍が実現する社会が来るかもしれません。日本国民の要件は時代とともに変化するという視点は、今後の日本社会がどうあってほしいかを考える一つの窓口になるのではないでしょうか。

国籍法改正の請願活動から学んだ視点

トルン紀美子（ドイツ）

請願活動をはじめたきっかけ

国際結婚を考える会で国籍法改正の請願活動が行われているのを私が知ったのは、二〇〇四年頃のことです。知人が、「国籍法についてこんな署名活動をしている会があるのよ」と二つの署名用紙のことを教えてくれたのがきっかけでした。そのとき私はドイツに移り住んで一六年ぐらいたった頃でした。一九八七年日本生まれの長男と一九九〇年ドイツ生まれの次男が一七歳と一五歳で、それ以前に日本パスポート更新の際に、領事館に置かれていた国籍選択のポスターやパンフレットを見て、日本に国籍選択制度があることはすでに知っていました。でも息子たちは国籍選択の義務があるけれどどちらかの国籍を選ぶなんてできない、と家庭内でも話していたところでした。私と同じように感じて運動している人たちがいることを知り、その要望に深く賛同し、救われた思いになったのをよく覚えています。

この会の名前はそれ以前にも新聞報道で読んだことがあったので、さっそく入会しました。そして国籍法について詳しく情報を得ていく中で、この国籍選択制度ができたのが一九八四年の国籍法改正の時であったこと、そしてそれ以前は日本は父系血統主義で、父が外国籍で日本女性から生まれた子どもは、たとえ日本に住んでいても日本国籍を継承できなかったことを知ってとても驚きました。私の長男は一九八七年に日本で生まれたので、もしそれよりもわずか三年前に生まれていたら、日本国籍を出生時に自動的に取得することができず、その後に国籍再取得の申請をしなければならなかったことを知りました。長男が生まれた時に何も知らずに、私の日本の戸籍に記載されたことを当然のことと思っていた自分の無知に気づき、法改正に尽力した方々の活動の重要性を知り、また心からの感謝の気持ちをいだきました。

その思いもあり、入会して自分にできる限りの協力をしたいとずっと思っていました。国籍法を詳しく学んでいく中で、国籍選択届を提出した後の外国籍放棄については努力義務であることがわかりましたが、一一条一項の国籍自動喪失の問題で切実に悩んでいる方たちのことも知りました。しかも当事者の方たちにあまり正しい情報が伝わっていないことで、心細い思いをしている人たちがたくさんいることにも気づき、請願書作成の係の仕事と同じぐらい、正しい情報の広報活動もとても重要だと感じています。

長年請願活動を続けてきた理由

まず一つ目には、法律改正は立法府である国会で審議決定されるので、請願書提出はその国会に要望を直接届けることができること、国会の請願課に国の公式記録として残ることがあります。ネットで署名を集めればという意見もありますが、ネット署名は自筆の署名ではないので国会の請願課に出すことができません。そのネット署名をどこに提出するかという問題が出てきます。法務大臣や法務省に提出したところで、国会の正式な記録には残りません。国会の請願課の規定に沿って自筆で署名を集めることで正式な記録に残り、国会の立法資料室の資料や学者の論文などに、この請願が長年にわたって提出されていることが取り上げられ、会の活動の成果として周知されています。

二つ目には、請願書を定期的に提出することで、国会議員と直接のコンタクトを取り続けることができます。その時々の当事者の窮状が報道に取り上げられなくても、直接国会議員に訴えることもできます。実際にコロナ禍での窮状などを届け、なかなか届かない生の声だという議員事務所からの反応もありました。

三つ目には、国会議員は落選したり再選したりするたびに議員会館事務所の連絡先が変わり、直結のメールアドレスや電話番号をフォローするのは難しくなりますが、何人もの紹介議員や以前の担当秘書とのコンタクトを通して別の議員を紹介してもらったりして国会議員との繋がりを維持していく目的もあります。

四つ目には、署名の付いた請願書というものを持って行くことで、陳情という単に話を聞いてもらいに行くことよりも議員にも切実さが伝わりやすく、またその議員が請願書を受け取って提出してくれるかどうかで、こちらからその議員の関心度も知ることができます。

以下が、これまでの請願活動で印象に残っていること（「請願運動を続けていて未だかなわないのはどうしてか」に対する私の考察）です。

国籍法改正を国会審議に出すには世論の盛り上がりが必要

請願活動で国会議員に陳情していく中でよく言われることは、「国会審議に取り上げるには機が熟していない。世論の理解が進んでいない」というのを理由に挙げられます。

二〇〇九年にそれまで野党だった民主党が政権をとることになりました。私はそれとほぼ同時に会の請願活動に参加することになりましたが、その時までの紹介議員の数は多い時で衆議院四五名、参議院二九名（二〇〇五年）という数になっており、そのほとんどが民主党議員でした。それが二〇〇九年に政権与党になったとたん減り続け、政権末期の二〇一二年には衆議院八名、参議院三名という数になってしまいました。これは、「請願書というのは、その時の政府に対して提出するという意味合いのものなので、与党になった政権は請願書を受け取る側になったと解釈されるので、その党の議員が提出するということには矛盾が生じる」という、当時の民主党幹事長からのお達しがあったからだと聞きました。しかしそれでも、民主党議員で提出してくれた議員もいるし、現在でも数名の自民党や公明党の紹介議員もいます。二〇〇九年までの民主党のマニフェストには、国籍選択制度の見直しが掲げられていましたが、政権をとる側となってこれを審議に取り上げてくれたかというとそうではなく、世論の動向を見て政策を進めていることがひしひしと伝わってきました。

ある長年の紹介議員で、議員本人も海外経験が長く日本人の複数国籍を認めることの重要性をよく理解している議員がいました。その議員事務所から、二〇一二年に「成人の重国籍を求める請願」という題を変更してくれないか、という相談が入りました。「重国籍を認める」というと「外国人の重国籍も認めるということか」という問い合せが議員の地元からあり、日本人が日本国籍を保持していられるための請願だという趣旨を明確にできる題にしてほしいという説明でした。それ以来、一一条一項の日本国籍自動喪失の改正を求める内容が明確にわかるよう「もともと日本国籍を持っている人が日本国籍を自動喪失しないよう求める請願」という題に変わりました。このことからも、国内の外国人に複数国籍を認めることに根強い疑念があることや、国会議員がそういう選挙民の声に敏感なことを強く実感しました。

しかし、「国内に住む外国人にも重国籍を認めれば、日本を侵略しようとする外国人が押し寄せてくる」というのは、日本の出入国管理法や帰化制度を全く考慮に入れない被害妄想も同然です。ネット右翼によるヘイトスピーチに近いとも思えます。もし仮にたくさんの外国人が日本に移民してこようと、その人たちの中から日本国籍が取得できるようになるまでには日本文化に溶け込むかなりの努力と経済的自立と品行方正を要求されます。また、日本国籍への帰化は法務大臣の裁量なので、条件がそろっていても必ず許可されるものとは限らず、法務大臣はいつでも理由を提示することなく拒否できます。このように日本の帰化制度には非常に高い壁があることを一般国民は理解せず、ネット上の不安をあおる言葉に乗せられていると感じます。

自民党議員に陳情に行くのはなかなか難しい

社民党や共産党にも陳情に行けば賛同してくれる議員も多いことと思いますが、長期政権与党である自民党議員に理解してもらうために面会予約を取る際は、この運動や請願が、そのような左派の党から支持されているかどうかを確認され、そうであれば最初から面談は受けてもらえないということも聞いたことがあります。そのため左派の政党には陳情に行っていないという事情があります。のちに旧統一教会の自民党政治家への影響の報道がなされた際に、なるほど自民党議員が、選択的夫婦別姓制度やＬＧＢＴＱ、女性の権利など、マイノリティの人権を守るというリベラルな改革に消極的なのはこういう反共思想の団体との繋がりがあったからなのかと、やっと腑に落ちました。このようなかなり右寄りの保守政権が続く限り、日本社会のマイノリティの保護や人権感覚を先進国のスタンダードに近づけることは無理だと強く感じています。

それではなぜ日本社会で、多くの国民も要望している法改正がなかなか行われないのにその政権が維持され続けるのか、ということを考えると、これまでの政権の日本国民にものを言わせない教育が大きい要因だと考えます。選挙民が自分たちに投票で政府を選ぶ権利があることをとっくにあきらめ、全く政治に関心がない国民を生み出していることに強い危機感を持っています。

国連加盟国の中ですでに七割以上が複数国籍を容認している中で、永住権を持って暮らしている日本人の九割が北米、欧州、大洋州などの複数国籍を認めている国に暮らしていて、この数は年々増える傾向にあります。在住国の国籍を躊躇なく取得できる国の国民と比べ、日本国籍との苦渋の選択を迫られる在外邦人には海外での生活の基盤を築くことが難しく、それによって日本の国際的影響力にも競争力にもネガティブな影響が出ているのは想像に難くありません。人口減少と労働力不足に悩む日本が、現在の社会情勢に沿わない法律を立法の無作為により放置することによって、人材という国の財産を放棄してしまっている状況を大変残念に思っています。

なかなか審議に取り上げてもらえないのはなぜ

活動を続けていく中で、国民のための法律を作っていく国会という立法府での政党間の駆け引きの構図や、在住国のドイツと比較しての違いも見えるようになってきました。直接議員に陳情に行ってもなかなか要望を審議に取り上げてもらえない原因は何なのか。一つには、戦後七〇年の長期にわたって途中少しの中断はあったものの、ほぼ一貫して保守系の一政党が内閣を司り権力を維持することができていたことが大きな要因ではないかと個人的には思っています。本来なら選挙によって時々政権交代していくことが政治に緊張感を生み、国民の要望に耳を貸す政治家を作っていくという民主主義の原理が、日本ではもう長く働かなくなっているからなのではないでしょうか。

日本人には違和感のない政治家の世襲制は、私が住むドイツではとても稀なことです。ドイツでは、政治に関心がある人が、自分の考えに基づいて政党組織に入党する、又は自分たちで政党を結成するなどして、議論能力のある人たちの中から選ばれていくのが政治家になる通常の過程のようです。各政党には政治に関心のある若者の部門があり、その中から説得力のある人が現れてくるという仕組みになっています。親の選挙区をその子どもが当然のように受け継ぐシステムだと、選挙民にはあまり受け入れられないだろうと感じます。それゆえ自分の考えによる自由な答弁ができない政治家が大臣の座に就くという現象も考えられず、官僚にいちいち教えてもらわなければ国会答弁ができないような大臣がいれば即刻議員の座を追われることになるでしょう。

日本においては、一般国民の政治への関心や投票率が低いので、選挙区の票をまとめられる組織を率いている候補者が選挙に当選しやすくなるという構図なのだと思います。当選した政治家も、まずは地元の権力を握る有権者の声を優先します。その結果として、残念ながらマイノリティの立場に立てたり長期に日本の将来を見据えたビジョンのある人材が出てきにくい構造になっているのではないでしょうか。ネット上に出てくる匿名の過激な声に左右されがちで、それが一般国民の声だと勘違いしている政治家も多いような気がします。

声を上げない国民

それではなぜ、日本人の政治への関心がこんなに低いのか。一つには議論を好まない国民性もあると思います。過去三〇年の保守政党の政策が、教育指導要領の改革などで、抵抗しないおとなしい国民を作ることにかなり成功しているからかもしれません。

一般的に日本人は何か不都合があったり、おかしいと感じることに対して自分の意見を述べ声を上げるということにとても消極的です。日常の会話で政治や社会問題をテーマに出すことは敬遠されているようです。他の先進国と比べて賃金の上昇もほとんどなく労働条件も格段に悪いのに、近年は労働者のストライキもまず耳にしません。それは、子どもの頃から学校教育の中で自分の意見を持ち発言するという訓練がなされていないことが大きな理由の一つではないかと推測しています。

私がドイツで子どもたちの学校教育を経験する中で気が付いた大きな日本との違いは、自分の意見をみんなの前で発言するということがとても重視されている点です。成績の評価にも授業時間中の発言率が加味されるようになっています。試験も高学年になると数時間かけた論文形式のものが多くなります。そのようにして教科に関係なく母国語での思考能力と表現能力を繰り返し磨き上げていく教育方法がとられています。

それに対して、日本の学校教育では、試験様式の多くが暗記で回答できるものです。授業内容も往々にして自分の意見を発言させることや生徒同士で議論させること、それが成績として評価されることが少ないのではないかと想像します。校則も意味もなく厳しいものがあり、どうしてその規則があるかということを教員ですらも疑問に思うこともなく、規則に素直に従う子どもを作り出すことが目的のように思えることもあります。

ドイツではナチス時代の深い反省があっての学校教育の在り方だと思いますが、今は残念ながら極右政党やネオナチの台頭もあります。しかしこの現象も、そのように思想の自由と個人の意見を尊重することが重視されているからこそ、どんなに人種差別的で排他的な意見も無条件に排除されることがありません。それは原則的に議論によって解決していく、という考え方に立っているからではないかととらえています。

議論をすることはエネルギーが必要です。頭ごなしに禁止することのほうが権力側からすれば簡単ですが、それではきちんと考え意見を述べることができる国民を作ることができません。先日ユーチューブの中の元文科省官僚の前川喜平氏の発言で「日本の学校や運動部は軍隊が基になっている」というのを聞いてなるほどと思いました。

国民の意見が反映される国政のためには学校教育の改革が急務

その国の学校教育は、将来どんな国民がその国に必要かを見据えて構築されていくべきものであるのに、日本では過去三〇年の間、政治家が目先の権力維持だけを考え、主に強者の理論で民意を統治する政策が進められてきたように見えます。本当の民主主義とは、弱者をいかに社会全体で支え合っていけるかを議論し、少数派の要望もうまく取り上げていけることと考えます。

保守派が理想とする家族制度を重視すれば女性や性的マイノリティの権利が犠牲になります。選択的夫婦別姓制度、同性婚、性差別禁止法、入管法、そして国籍法の改正と、与党内の一部保守勢力の抵抗にあい、日本は先進国の仲間でいるつもりでも他の国とは男女平等、人権感覚などで二〇年以上の隔たりができてきていることは明確で、世界経済フォーラムのジェンダーギャップの順位が二〇二四年には一四六か国中、一一八位であり、日本の社会学者も警鐘を鳴らしています。

私が請願活動を通して見えてきた日本社会について不思議に思う面が多いからか、かなり厳しい意見を述べてしまいましたが、私にとって大切な家族や友人たちが住む祖国日本がとても大事な存在だからこそあえてこの憂慮を伝えたいと思いました。これから教育を受ける若い人たちが、将来の日本を作っていくのは自分たちだと自信をもって行動していけるためには、日本の学校教育内容を今一度見直すことは急務であると考えます。

在外邦人は日本のことを想う同胞

日本人の国民性は、コツコツと努力を惜しまず、誠実で我慢強く、争いを好まないと言われていて、これは本当に素晴らしい長所だと思います。この大切な特性を失わないままで、それでも活発に話し合い知恵を出し合っていくことは可能だと信じています。

海外に移住した日本人の多くは、人生の選択肢の中からたまたま国外で生活することになったのであって、日本との絆を断ち切りたいと思って海外移住を選んだわけではありません。日本の外に住むようになったからこそ、かえって日本をよりよく知り、自分にとってかけがえのない国という思いが強くなる人が大半だと思います。ネット上の一部では、この在外邦人を「日本を捨てて出て行った」と排除する意見がよく見られますが、大部分の人たちには、違った視点で日本を支え合っていくことのできる同胞として、その意見や提案に耳を傾けてもらえることを心から願っています。

コラム1　私たちの請願活動について

国際結婚を考える会では二〇〇一年から二〇年以上にわたり、定期的に請願書を国会に提出しています。これまでに提出した請願書は「国籍選択制度と国籍留保届の廃止を求める請願」「国籍選択制度の廃止を求める請願」「成人の重国籍容認を求める請願」「もともと日本国籍を持っている人が日本国籍を自動的に喪失しないよう求める請願」などがあり、現在は「国籍選択制度の廃止を求める請願」と「もともと日本国籍を持っている人が日本国籍を自動的に喪失しないよう求める請願」の二つの請願書を毎年提出しています。

毎回新たに集められた署名は、二〇二三年の通常国会まで三九回の国会会期に、延べにすると衆議院では八四、参議院では五八、合せて一四二の紹介議員事務所から提出され、全ての記録が衆議院と参議院のホームページに掲載されています。また、これまでの請願の提出状況は当会ホームページの「請願報告と請願結果」のページでもご覧いただけます。

https://www.kokusaikazoku.com/%E8%AB%8B%E9%A1%98%E9%81%8B%E5%8B%95

提出された請願書は、その会期末に各委員会（国籍法改正の要望は法務委員会）の理事会で採択されるべき請願かどうかが審査され、まだ審議されるには満たないと判断されると審査未了という結果になります。現在までこの審査未了が続いています。

コラム2　国籍法の問題点とは

国籍選択制度（一四条、一五条、一六条）の問題点

対象となる人：日本国民が複数国籍になる場合。以下の条件が考えられます。

○　異なった国籍の血統主義の両親から生まれそれぞれの国籍を継承した場合（国際結婚から生まれた子ども）

○　血統主義の国の親から生地主義の国で生まれ親の国籍と出生地の国籍を取得した場合（日本人の夫婦からアメリカで出生など）

○　未成年のうちに日本人の父親から認知された場合（認知される届出により日本国籍を取得できる）

○　外国籍の親と養子縁組した場合、外国籍の子が日本人親と養子縁組した場合（相手国の法律によっては複数国籍にならない場合もある）

○　成人で配偶者に自動的に国籍を与える国の人との婚姻

○　外国籍の人がもとの国籍を持ったまま日本に帰化した場合

国籍選択制度は、このカテゴリーに該当する人について複数国籍になった時が未成年であれば成人年齢に達したあと二年以内に、複数国籍になったのが成人年齢よりも後であれば、その時から二年以内に以下の方法で国籍選択を課す制度です。

一、外国籍を選択する場合は日本国籍を離脱する、

二、日本国籍を選択する場合は外国籍を離脱しその証明を日本に提出する、もしくは日本に国籍選択届を提出する。

この「日本に国籍選択届を提出する」という方法をとれば、その後の外国籍の離脱は努力すれば良いことになっていて、実際に離脱したという証明の必要はなく、これで法律上の義務は果たしたことになります。(https://www.moj.go.jp/MINJI/minji06.html 法務省チャート図参照)

ところが、選択届を期限までに提出せずにいると、法律上(一五条)では「催告《さいこく》」が出され、それから一か月以内に日本国籍選択届を出さなければ日本国籍を自動的に喪失すると書かれています。しかし、この催告はこれまで一度も出されたことがないことが国会での審議から明らかにされています。また、提出義務は期限が過ぎてもずっと続くので、いつでも罰則なく届けを出すことができます。期限を過ぎたからといって日本国籍がなくなることはありません。このような建前だけの選択制度を保持し続けることにどんな意味があるでしょうか。複数の国籍を持つ者に対する国家によるパワーハラスメントに他なりません。

請願書にあるように、父母の異なる国籍や文化を受け継ぐ子どもたちは、両方を大切にしながら自らの人格を形成、成長します。多文化と多言語を身につけた者の存在は、日本社会に多様性と豊かさを与えます。ところが選択制度は、子どもに父母の一方を選ばせるに等しい、多大な負担や苦痛を与えているのです。一九九七年には「出生により異なる国籍を取得した子ども」には、「権利として当然に重国籍を容認」するヨーロッパ

国籍条約が採択されました。国と国の距離が短くなり往来が自由になった時代に、現行国籍法の「国籍唯一の原則」は現実にそぐわなくなっているのです。

国籍法第一一条一項の問題点

現在、国連加盟国一九三か国の中で七割以上の国が何らかの形で複数国籍を認めていて、厳格に認めない国は非民主主義体制の国が大半です。G7にも参加し西側先進国のメンバーであることを自負している日本が、この第一一条一項の日本国籍自動喪失の規定を見直さないことで在外邦人に与えている悪影響には深刻なものがあります。永住権を取得して海外に住んでいる日本人は年々増え続け、現在過去最高の五六万人となっており、その九割は西側民主主義の複数国籍容認国に居住しています。

在外邦人が現地での生活の安定や職業のために外国籍を必要とする理由は切実です。インターネット普及以前には、海外で当事者が日本の国籍法に接することは難しく、在外日本公館でも一一条一項の規定については広く周知する努力はされていなかったので、自動喪失してしまう事実を知らずに外国籍を取得した海外在住者はかなりの数に上ります。あとから日本国籍を喪失していることを知った精神的なショックはたいへん大きなものがあります。

このような人たちが原告となって、二〇一八年から「国籍はく奪条項違憲訴訟」が行われています。日本国憲法にある国籍離脱の自由を保障する憲法二二条二項や、自己決定権・幸福追求権などを保障する憲法一三条、また外国籍を出生などで自動的に取得した人には合法的に複数国籍が認められているのに、自己の意思で取得したということで自動喪失するのは憲法一四条の法の下の平等に反している、という主張です。

明治憲法の時に定められた旧国籍法二〇条（「自己ノ志望ニ依リテ外國ノ國籍ヲ取得シタル者ハ日本ノ國籍ヲ失

フ」）を、主権が国民にある現在、見直しもせず適用し、その日本国民から有無を言わさず国籍をはく奪する理不尽な状況を、世界のスタンダードに見合ったものに改正することは、日本の国際影響力の面からも急務です。

国籍法第一二条　国籍留保制度の問題点

この条項は、国外で日本人から生まれ、両親の片方から血統主義により外国籍を取得する場合、また日本人同士の夫婦から生まれた子どもでも、アメリカなどの生地主義により、そこの国籍を取得して複数国籍になる場合にも適用されます。日本国外での出生に限られるので、日本国内での出生であれば、外国人親からの国籍を継承して複数国籍になってもこの留保制度は適用されません。

たとえばアメリカに駐在などで一時的に住む日本人夫婦に子どもが生まれた場合、アメリカ国籍も取得しているので三か月以内に日本領事館に出生届（留保届のチェック欄が記載されている用紙）を提出しなければ日本国籍を喪失しますが、日本に帰国したあとで国籍法一七条の「第一二条の規定により日本の国籍を失つた者で一八歳未満のものは、日本に住所を有するときは、法務大臣に届け出ることによつて、日本の国籍を取得することができる」という規定により、未成年のうちに日本国籍を再取得することができます。しかし、海外で生活の基盤を持っている国際結婚カップルには、未成年の子どもを長期で日本に滞在させるには、外国籍である子どもの日本のビザ取得や、日本人親が同行する場合の居住国を離れる際の親の滞在許可証の期限の問題など、実現するには大きな壁があります。

婚姻中の夫婦の子であっても、日本国籍がないと戸籍に全く記載されず、その子どもの存在すら確認できないシステムになっているので、これが原因で遺産相続手続きのやり直しになった例もあります。

海外で出生して複数国籍を取得した場合に届け出る期間が三か月以内というのは、他国の制度と比べてもあまりに短すぎます。日本国内での届出は近隣にある市町村役場で行うことができるのに比べると、海外では届を出す日本領事館は遠くにあることがほとんどです。一日がかりや、極端な場合は飛行機での移動や宿泊が必要な距離で、体力的、経済的、時間的にも国内の届出とは比べられないほどの難しさです。

複数国籍を容認する国籍法へ

ヨーロッパではヨーロッパ国籍条約というもので、出生から持っている国籍をむやみに奪ってはいけないという取り決めがあり、国際結婚から生まれた子どももどちらかの国籍を奪われることはありません。しかし、日本のこの法律があることは、日本人としてのアイデンティティも持っている人たちには、不安の材料でしかありません。国籍選択届には「日本国籍を選択し、外国籍を放棄します」と書かれていてこれに署名と捺印（サイン）をして領事館に提出することには、たとえこれで外国籍がなくなってしまうことはないとわかっていても大きな抵抗を感じます。しかも、外国でその国の国籍を持って暮らしている人に、その国に安心して住むための最善の条件である国籍を「放棄します」と宣言させることは、その人の人権すら脅かすものです。

最近は、「国籍選択は重国籍者の義務です」というポスターもパンフレットも見られなくなりました。領事館の窓口の案内も以前よりはずっと物腰の柔らかい対応に変わってきています。上にも挙げたように、複数国籍になる条件は日本の国籍法の中にもこんなに多様な形で記載されています。その数は現在では一〇〇万人を超えるのではないかと推測されています。今後も日本人の海外移住や国際結婚は増えていく傾向にあります。複数国籍を持つ日本人の知り合いはどんどん身近な存在になっていくでしょう。国籍法は外国の国籍法と深くリンクしている法律で、複数国籍の容認国も増えてきているので、日本の法律だけでは、ますます複数国籍の発生を防げなくなっていくことは明白です。

Q&A①「わたしは複数の国籍を持っている?」

外国の国籍法は度々改正されるので、その人の生まれた年月日をもってその国の国籍法をさかのぼって詳しく調べなければ正確なことはわかりません。その当人が、自分で複数国籍であると思い込んでいても確かではなく、どうしても知りたければその国の大使館に問い合わせるか、もしくはその国のパスポートを取得してみるなどしなければ証明できません。ですから、戸籍の記載の親が外国籍であることだけで、法務省が国籍選択届未提出の人に催告を出すことに慎重になる理由がここにあるのではないでしょうか。間違って無国籍者を出すことになってしまうかもしれないからです。

Q&A②「二つのパスポートの使い方は?」

日本ともう一つ別の国籍（たとえばアメリカ国籍）を持っているとしても、あなたが日本にいる時にはもう一方の国籍は潜在的なものとして考えてください。日本からアメリカに行く場合は、出国時に日本のパスポートを使い、アメリカ入国にはアメリカのパスポートを使います。アメリカではアメリカ人という意識の切り替えも必要となります。またアメリカ出国時にはアメリカパスポートを使いますが、日米以外の国に行く場合はどちらかのパスポートでの出入国が求められます。要するに、複数国籍の使い分けが必要で、複数国籍を混同しないことが大切です。

国籍法はこちらのＱＲコードからご覧いただけます。

第三章 家族のありよう

国外移住、名前、バイリンガル教育、差別、兵役、そして国外での離婚……、涙、笑い、葛藤を伴うもろもろの問題に対し、どう乗り越えたのか、又、今前向きにどう乗り越えようとしているかの力強いメッセージをお届けします。

日韓匙加減

奈津子（大韓民国）

今年（二〇二三年）、私たち日韓夫婦は結婚二〇周年である。日本生まれ日本育ちの私と韓国生まれ韓国育ちの夫は、韓国で出会い日本で再会し結婚した。現在、息子二人（今年、一九歳と一六歳）との四人家族の中で妻であり母である私が、この二〇年間をひっそりと振り返る。

実は夫は外国人なんです

「なーんだ」。国際結婚と聞いて身を乗り出していた相手が、私の夫が韓国人だとわかった途端に見せる反応だ。どうやら日本の一定層にとって私たちは国際結婚ではないようだ。その人たちにとっての国際結婚の相手とは、私が好きなヒュー・ジャックマンやコールドプレイの四人のように、髪や肌の色などの外見が一般的な日本人像と大きく異なる場合を指すらしい。夫は、韓国で教育を受け、第一言語は韓国語、韓国のパスポートで来日した、いわゆる一般的な外国人なのだが。

日本にいると、夫は外国人だとあえて言いたくなる時がある。人に迷惑をかけない文化に慣れていない夫の振る舞いを「日本にまだ〇年の外国人で……」と何気なく弁明するのだ。夫が、日本語が上手いこと、服装や髪型に韓国人あるあるがないことも、そう言いたくなる気持ちにさせる。黙っていると相手は日本人だと思って接するが、夫にとってそのハードルは高い。外国人だから大目に見てほしいわけではないが、夫が一目で外国人とわかれば、相手は一発で合点がいくだろう。私が居合せないことの方が多いのだから、日本人なら当たり前のことができずに誤解され嫌な思いをしていないかと私は心配する。

近くの国から来た人だから大丈夫でしょうと言われそうだが、私が知っている韓国は心の距離が地理的距離の何倍も遠くにある。「近くて遠い国」ならぬ「遠くて遠い国」であり、日本から行くには東回りで険しい経路を、燃費をかけてやっと行けるような感覚。結婚直後から文化の違いによる葛藤やわかり合えないことが生じ続けている。見た目が日本人の夫は遠い遠い国の人だ。

日本に住んでもらっているという負い目

日本で暮らしていた時は（現在オーストラリア在住）、日本社会の不寛容さが夫には息苦しいだろうと思うと申し訳なかった。振る舞いが日本基準から少々外れた時に感じる圧力のようなものも、不寛容な社会が生み出すのではなかろうか。夫に日本に住んでもらっているという負い目を感じずにはいられなかった。

負い目が増したのは、二〇一一年三月、東日本大震災とそれに続く原子力発電所の惨事を東京で経験したことによる。私の勤め先の上司が「国際結婚の社員はパートナーの国に避難するために休んでいるけれどそれをダメとは言えないよ」とつぶやいた。息子が通うインターナショナルスクールでは、外国人の担任は母国に帰り、同級生の多くが母国やツテがある国・地域に避難した。一方、経営者だった夫は、社員を守り、会社を守り、事業を継続させながら、勤め先の震災対策本部要員となった私の代わりに家で息子たちの世話をした。韓国の両親からひどく心配されたに違いないが、夫はそんな話を一切しなかった。私も含め周囲の誰もが、不安や政府への不満を口にしていたが、何も言わず恐怖も示さない夫はいったいどこで吐き出していたのだろう。案の定、夫の体に異変が現れた。「日本に住んでもらっている」という負い目が一気にふくらんだ。

第三国に来たら平等に外国人

日本での結婚生活がちょうど一二年になる頃、家族でオーストラリアにやって来た。国際結婚家族だからどうこうとか、夫に日本に住んでもらうのが申し訳ないからとか、そんな理由はまったくなく、しばらく環境を変えたかった。

日本でも韓国でもない。私も夫もここには知り合いがいない。どちらかがオーストラリアの永住権や市民権を持っているわけでもない。片方が先にここで生活の基盤を築いていたわけでもない。勤め先のサポートがあるわけでもない。夫婦ともに英語が達者ではない。ないないづくしだが私も夫もここでは平等に外国人だ。オーストラリアの習慣やルールを知っていく、友人を

奈津子さんたち家族は、結婚生活12年目の頃、オーストラリアにやって来た。しっかりと手を繋いで通学する二人の息子たち（当時）。大人になっても離れていても、兄弟仲良くいてほしい

作っていく、そのスタート地点が夫婦で同じである。どちらかの立場に世話になることなく、完全に第三国で同じ立場で暮らすとはなんてフェアなことか。オーストラリアの文化を受け入れながら、今まで以上に夫婦協同で環境を整え、子育てするサバイバル。苦労も多いが得るものも多く刺激的で楽しい。日本とも韓国とも同じように距離ができたことで、韓国の両親に対して申し訳が立つ気もした。一家の直系を継いでいく男の孫は我が家だけだ。

言わずもがな、日本に住んでもらっているという負い目から解放された。日本では遠慮していたが、私は躊躇することなく家の中に日本の物を飾れるようになった。日本の神社で受けたお守りを車にぶら下げ息子たちに持たせる。学校で日本語を選択した次男のサポートを堂々とするのも然り。

日本帰国のタイミング

とはいえ、当初はオーストラリア生活は、一、二年のつもりだった（後から知ったが夫は三、四年のつもりだった）。当時、一〇歳と七歳の子連れとは考えられないほど、ろくな準備も下調べもせずパパッとやって来たため、わからないことだらけで失敗と苦労の連続だった。それだけに二、三年で帰国を考えるのはもったいなくはないか。そもそも帰国を準備する余裕がまったくないし、日本に帰った時の学校をどうするかも悩ましかった。

次の帰国タイミングは長男の大学進学だとぼんやり考えていたが、そうこうしていたら新型コロナウイルスパンデミック。外国人としてオーストラリアの学校に通いながら、オーストラリアの外の大学に目を向けるような変則的なことが考えづらくなった。一時はアメリカの大学を検索していた長男も、すっかり価値観や考え方が変わったようで、オーストラリアの大学を希望するようになっていた。

私と夫も日本やアメリカの大学の話をすることがなくなった。帰国するタイミングは逸したが、それで良しと思えたのはオーストラリアに国として多くの魅力をより感じるようになったからだ。

第三国で二つの文化を取り入れる難しさ

予定通り二、三年で日本に戻っていれば、「平等に外国人」である環境がいかに国際結婚夫婦にとってフェアで良いことかを私は声を大にして言ったであろう。しかし、ここでの生活が四年、五年と経ち、息子たちが成長するにつれ、そうも思ってはいられなくなった。息子たちが生まれた時からずっと両親の文化を自然に伝えようとやってきたのに、それができていないことを感じてしょうがないのだ。

日本で暮らしていた時は、家庭内の文化が日本に偏りすぎないよう意識しながらも、社会生活は日本の習慣やルールに沿うのだから、拠り所としては日本が中心にあって、その随所に韓国の要素を取り入れていたように思う。ちらし寿司にたとえると、ゼンマイとほうれん草のナムルを彩りに添えるイメージ。そんな気張らずとも自然に韓国にも触れられる匙加減。時々家族で新大久保に行き、息子たちは韓国語を習い、私はキムチを常備していた。

当然、オーストラリアに来て真っ先に息子たちが通う韓国語の補習校を探した。しかし、それを断念して日本語の補習校に通わせることにしたのは、夫がそう提案したほど息子たちの日本語が心配に感じたからだ。そこまでしたのに、現在の息子たちは日英のバイリンガルとは言い難い。日本語では決して学問もビジネスもできないレベルである。使いこなせる言語数で優劣を測ろうという考えでは決してない。ただ私は、日韓の両親のもとに生まれてきたことで面倒や複雑な思いをさせるのであるならば、せめて、将来の助けとなるよう日英韓のトリリンガルに育てると決めていたのだ。義母には「韓国語はできるようになるので心配しないでください」とまで私は言った。しかし現実は、日本語の会話はそれなりにできるが、読み書きは小学校低学年レベルであり、韓国語は殆どできない。バイリンガルは難しいという声もあるが、日本で通っていたインターナショナルスクールの長男の元同級生たちは、今年ＩＢ（国際バカロレア）のバイリンガルディプロマを携えて羽ばたいていった。英語だけでなく、日本語でも古典文学を読み分析できる応用力が備わっているのだ。加えて親の母国語までネイティブレベルのトリリンガルは珍しくなく、あのまま日本にいれば息子たちもそうなっていたであろう。後悔していないと言えば嘘になる。

語学力の問題だけではない。オーストラリアの習慣やルールに沿いながら、日々発生する突発事項に目を回す一方で、オーストラリア国歌「Advance Australia Fair」を歌って成長していく息子たちが日韓両方の文化に自然と触れる日常を整えることが難しい。もはやそれは夢物語だと半ばあきらめた。

第三国で持っていないものの大きさ

なぜ、日本にいた時のようにいかないのか。新型コロナウイルスパンデミックでその原因の根っこに気づかされた。規制が敷かれはじめると、経済支援は永住権以上であることが強調され、そうでないなら場合によっては早く母国へ帰るよう強く推奨された。私はここでの立場を思い知らされた。

永住権を持っていなくても住民票を持っていれば、外国人でも国民と同等の社会保障を受けられる日本のような国・地域ばかりでないことは、最初からわかっていた。わかってはいたが、日本では住民票を除票し、在住国ではビザの関係で、どちらの国からも現地の人と同じような社会保障を受けられないことが、子どもを抱えた親をこんなにも不安な気持ちにさせるのだ。

日本人同士ならば望郷の思いを共有し励ましあうところだが、夫婦で思いを馳せる国が違う。母国への思いは年々高まる。少しずつ日本担当と韓国担当に分かれていった。それは、ゼンマイとほうれん草のナムルをのせない純日本のちらし寿司と韓国のビビンバを一つのお盆に並べたイメージである。夫婦だけならそれで問題ないと思う。しかし息子たちに対してとなると問題だ。必然的に、どちらが好きか美味しいか優れているかと比べるようになる。お腹いっぱいで片方を一口も食べられないこともある。二つの食べっぷりの違いに片方の親は落胆する。親は母国のものに嗜好が傾くよう息子たちを無意識のうちに誘導する。私も夫も自分の母国で精一杯なのだ。

夫婦どちらかの国やホームベースにいるならば、片方の立場の恩恵を受け社会保障制度によって、物質的にも精神的にも安定や安心感を得られるだろう。そこが落ち着いてこそ、心に余裕が生まれ、二つの文化をうまく取り入れられるのだと思う。住んでいる国の文化を軸にしつつ、相手の文化を取り入れることは比較的容易で、さらにそう実践する姿勢は外国人である相手への配慮や思いやりとなり、家庭内をより温かくするのではなかろうか。息子たちも居心地が良いだろう。日本で暮らしていた時は考えもしなかったが、私は自然とそうやって我が家独自の味わいを深めながら、息子たちに日韓の文化に触れさせ関係づけさせてアイデンティティを形成していく環境づくりをしていたのかもしれない。

「その時が来たら自分で選ばせよう」という幻想

韓国では二重国籍が認められるようになったと安堵していたが、蓋を開けてみると息子たちは容認対象ではないことがわかった。「あとは日本の国籍選択制度の廃止がかなえば」と願う私の気持ちが萎えた。ようは兵役を終えなければ重国籍は認められないのだ。日本も韓国も二重国籍を認めていないとなると、私と夫は静かに子どもの取り合いだ。オーストラリア生活が長くなるほど、息子たちの生まれと育ちは日本であると主張しづらくなる。次男はここでの生活が人生の半分を超えた。夫には言えないが、予定通り二、三年で日本に戻っていれば良かったと思うようになる。さらに昨今の韓国企業の存在感の高まりや韓流ブームに、息子たちが韓国になびいてしまわないかと不安で気が狂いそうになることはもっと言えるはずがない。結婚当初の「その時が来たら自分で選ばせよう」とはなんて他人事で、綺麗ごとであろうか。

韓国の国籍法と兵役法

韓国では、二〇一一年の国籍法一部改正に伴い、韓国内で外国籍を行使しないという誓約を行うことにより複数国籍の保持が可能となった。ここまでは日本でも広く知られているようだが、実際はもっと複雑で深刻な問題が絡んでいる。複数国籍容認対象は、生まれつきである場合の他、優秀な能力をもつ外国人材、韓国人との結婚で韓国に移住した者、成人前に海外で養子として引き取られた外国籍者、外国籍だが老後を韓国で過ごすため永住帰国した六五歳以上の在外同胞などとされている。対象者の範囲や条件が細かく定められているため、限定的な重国籍容認と言われる。

深刻なのはここからだ。韓国には憲法と兵役法により兵役義務があり、韓国の国籍を有する男性は、海外在住でも一八歳になる年の一月一日から兵役義務が発生するのだ（女性は志願によるのみで義務ではない）。そのため、生まれつきの重国籍者は一八歳になる年の三月末日までに一つの国籍を選択しなければならない。韓国籍を選択した場合は当然だが、期日までに国籍を選択しなかった場合も兵役義務が発生する。

一八歳：兵役義務の発生
一九～二四歳：兵役判定検査と入営の延期
二五～三七歳：兵務庁長の「国外旅行許可」を取得することによる兵役義務の延期
三八～四〇歳：戦時勤労役

愛と希望と悔悟の備忘録──海外居住の重国籍者に対する兵役延期制度（我が家の場合）

なぜ備忘録が必要なのか。長男は二〇年もの間、韓国の兵役制度とともに生き、その間には兵役延期に関する忘れてはならない手続きがあるからだ。重国籍者の場合、海外居住の状態によって兵役の延期が可能となる。遠征出産による場合は重国籍者と認められないことからも厳しく審査されることがうかがえる。海外にいる重国籍者として兵役義務の延期が認められれば、条件を守ることで以下の制度が適用される。

現在、一九歳の長男は兵役判定検査と入営を延期中である。二五歳以降は「国外旅行許可」を取得することで、三七歳まで兵役延期となる。手続きせず韓国に入国した場合、出国できない可能性があるほど厳格なものであり、長男の「国外旅行許可」は二〇二八年一〇月に申請を予定している。無事に許可を得て兵役義務者の立場から解放されるのは二〇四一年の話だ。「国外旅行許可」を受けている間は一年に通算六か月以上の韓国滞在や韓国内での営利活動をしてはならず、それらを行った場合は「国外旅行許可」は取り消され、兵役延期はそこで終わる。もう親の管理下にはいないだろうから本人によく話しておかねばならない。

その後は、四〇歳まで戦時勤労役が課せられる。これは一年に一度の教育を受け、戦時には軍需工場などに徴用されるという役目である。あるいは、三七歳まで兵役を延期したことにより、韓国国籍の離脱ができるのだが、そこで離脱せず重国籍を認めてもらう道もあるのか、改めて国籍選択を迫られるのかが、現時点で私たちは把握できていない。

韓国では、重国籍や海外居住にかかわらず、軍の服務を終えていない二五歳以上の兵役義務者は「国外旅行許可」を得なければ、韓国の外へ旅行も留学も出張もできない。海外に出る目的に応じて国外旅行許可期間＝兵役延期期間が決まるのだが、その中でも三七歳まで延期できる海外に居住する重国籍者に対する措置は最大最長の寛大なものであると思う。

国籍を保持する意味

長男に適用される制度を「兵役免除」と表現する人が多いが、免除とは身体的状態などが理由の特殊なケースにおいて兵役義務を課せられないことである。長男は兵役義務が消失するまで延期し続けるに過ぎない。延期と免除では有事の際に急遽課せられるものに大きな違いがあると私は考える。二〇年抱え続ける不安とストレス。兵役法がよく改定される様子に、兵役義務者を逃すまいという韓国政府の狙いを感じ、私は怯える。あぁ、こんなことならば韓国籍を離脱すれば良かったのだ。しかし私が理解した時は遅かった。定められた期日までに韓国国籍を離脱しなかった長男は、兵役を終えるか三七歳まで兵役を延期するかしなければ、韓国国籍を離脱することはできないのだから。韓国にいる夫の兄も親友も長男の韓国籍はとうに断念していると思っていたにもかかわらず、長男も自分なりにわかっていて韓国籍はなくなると思っていたにもかかわらず、である。

私ときたら、韓国は一〇年も前から重国籍が可能だと好事例にあげるようなことをしていた。十分な韓国語ができずスパイ要員かもしれない外国籍保有者に兵役はないだろうと高を括っていた。そのせいで真剣に調べることなく、夫とじっくり話すこともなかった。夫も夫で、私には何も相談せず全て一人で進め、私には立ち話程度の事後報告だった。兵役と韓国国籍維持の関係性を夫は知っていたのか知らずしてなのかわからない。「自分と同じ国籍を持たせたいという気持ちもわかってよ」とキレたのは確信犯だからではないか。一方で、私たちにとって好ましくない方向への法律改正を恐れる気持ちを伝えると、「それなら韓国に行かなければ良い」とこの話はもうしたくないと言わんばかりにまたキレる。自分の親がいるのによく言い切れたものだ。それならば韓国の国籍維持にこだわる必要はなかったのだと夫を責める思いがこみ上げるが、こうなるとは知らなかったという多くの親と夫も同じなのかもしれない。

私は兵役逃れの策略を練っているわけでは決してない。国防を担う義務を果たさずして国籍は維持できないものかと望むことにジレンマも感じる。いっそ日本人としていつでも好きな時に韓国に行けるようにしてあげたかった。これまで長く韓国に滞在したことはないが、制限されるとかえってしてみたくなるのが人の心理、その機会が回ってくるのが世の常であるまいか。若く働き盛りの長男に「アジアパシフィック地域の責任者でソウル駐在よろしく」と長男のバックグラウンドを加味したポストが回ってきたら、まずは兵役に就くということである。必然的にそんな人事話はなくなる。

長男が兵役を延期しきった先のことがわからないのが悩ましい。信頼できると思える情報は、在日韓国大使館や領事館をはじめ、弁護士や在日韓国人のコミュニティなどから発信されている。しかし、韓国の兵務庁に直接問い合せると、それらの情報の不十分さや誤りを感じることがある。だからといって兵務庁にたずねても、「確認しなければわからない」と言われ、回答を得られないこともある。このような状況である上に、法律は今後も変わっていくに違いないのだから、一八年も先のことを今苦労して確認することに意味があるだろうか。長男が三七歳まで無事に兵役義務を延期できること、その間に望まない方向に法律が改正されないことを祈るだけである。しかし、思っていた以上に事は重大で手続きが煩雑らしく、次男については韓国国籍離脱という言葉が夫の口から出るようになった。そのタイムリミットは二〇二五年三月。間もなく準備をはじめなければならないだろう。長男と次男でこの違いがあって良いのかと新たな悩みがまた一つ。

これから――母は強くしなやかに

私は、二〇二五年（次男の韓国国籍離脱）、二〇二八年（長男の「国外旅行許可」申請）、二〇四一年（長男の兵役義務延期終了）を意識しない日はないが、韓国の兵役法改正に怯えていても何も変わらないとわかっている。それならば、Aussie（オージー）流に不安やストレスは脇におき目の前にある人生の良いことに感謝して暮らしていこうか。たとえ次男が韓国国籍を離脱しても、兄弟で国籍の状態が違っても、長男の兵役義務延期の先がまだ見えなくても、私たちは日韓家族。何より、今私の目の前に確かにあるのは、子育てと息子たちと一緒の暮らしに卒業が見えてきたという現実だ。結婚記念日も祝ったことがないのに、二〇周年の節目にこうして振り返ったことにはきっと意味がある。第三国に暮らしたからこそ見えた全てをバネや感謝という燃料に変え、子育ての最終章に生かしていこう。

かけがえのない息子たちに、我が家史上最高レベルの日韓匙加減を体感させてやろうではないか。オーストラリア生活はもう九年になるのだから、日本か韓国かで悩んだらオーストラリア文化を拠り所にすれば良い。私は続ける。将来、離れて暮らす息子たちが帰省してくれた時、「帰ってきた」と心からリラックスしてもらえる我が家らしさは、日々積み重ねる匙加減で決まるに違いないから。そうこうしているうちにきっと全てうまくいく。

言語学習、どうしていますか？

A・N（アメリカ）

私がアメリカ人の配偶者と出会ったのは、二〇〇〇年代の終わり。その後、日本に引っ越してきた夫と数年の交際を経て結婚に至った。結婚後、二人の子どもに恵まれた。一人は小学校、一人は保育園へ通う日々を送っている。

私は、日本生まれ日本育ち。夫は、アメリカ生まれアメリカ育ち、西欧で一時生活していたこともあるが、紆余曲折あり、日本にやってきた。夫は、ティーンエイジャーの頃から日本のゲームや漫画が好きで、趣味が高じて、日本語も学びはじめた。そのため、今では流暢に使いこなす。夫婦間の会話は、基本、日本語だ。

我が家の現状

我が家の目下の関心事は、教育である。交際、結婚、出産。ここまでは、大きなトラブルもなく過ごすことができていた。だが、子育ては、そうはいかない。相手は、子どもである。自分とは別の人格や価値観をもった、でも未熟で、当面は、守り、導いてやらなければならない存在だ。

今の生活環境を少し説明する。関東のとある住宅街に住んでいる。土地柄か外国にルーツを持つ児童の数も少なくない。上の子ども（小学生）の在籍する学年の児童名簿にも、明らかに外国ルーツであろう名前が一〇個以上見つかる。名前からはわからないが、そうである児童はもっと多いかもしれない。だが、子どもたちは、いろいろなことに折り合いをつけながら、そこそこご機嫌にやっているようである。

ただし、全く懸念がないかと言われるとそんなことはなく、「君は外人なの？」とクラスメイトに聞かれたそうである。上の子どものクラスでの出来事である。これまでそんな言葉を投げかけられたことのなかった子どもは、少なからずショックだったようだ。授業参観に行った際にも、日本にルーツがないことが原因でクラスに溶け込めていない様子の子どもがいた。その子は、日本の小学校での適切な振る舞い方がわからず、戸惑っているように見受けられた。日本語がわからない訳ではなさそうだったが、「日本の小学校でのうまい立ち回り方」を習得している途上なのではないかと想像する。頼れる者がいない中、与えられた環境でサバイブしていかなければならず、きつい瞬間もあろうかと思う。これは、国籍関係なく、だが。

少し話がそれた。教育が関心事と言ったが、もっというと言語だ。両親の言語をどう学んでもらうかが我が家の最大の関心事である。子どもたちには、自分たちのルーツである言語はある程度習得していてほしいと思う。自分の祖父母や親戚と、言葉の壁のせいで会話ができない、ということは避けたい。夫の家族は、米国在住の米国人で、基本的に英語を話す。というか、英語しか話せない（もしかしたら私が知らないだけで、他の言語も使えるのかもしれないが、少なくとも、それは日本語ではない）。だから、英語を身につけてほしい。今のところ、夫の親族とコミュニケーションをとることはそう多くはない。あっても夫が仲介するので、英語での会話に困難を感じることはない。しかし、今後もずっとその状態が続くかはわからないし、自分の家族（たとえば、夫方のいとこたち）と会話ができないのは、なんとも寂しいことだと思う。せっかく同年代で、縁があるのに言葉のせいで近しい者としての関係性が築けない。ちょっとした悲劇だと思う。あちら（夫側の親族）が日本語を学んでくれはしないかと、全く考えないではない。だが、現実的な思考ではないだろう。日本で英語を学ぶより、アメリカで日本語を学ぶ方が、きっとずっとハードルが高いはずだ。そんな訳で、子どもたちにどう英語学習の機会を与えるか、そこに頭を悩ませている。

上の子どもの就学前に、インターナショナルスクール入学はどうかとの提案が夫から出たが、あまりに急なことで、出願時期を逸してしまった。もし、書類が間に合い、受験に合格していたとしても、我が家の経済が持たず、結局は行けなかっただろう。爪に火を灯す暮らしをしながら通わせることを検討しても良かったのかもしれないが、どうだろう。サステナブルな暮らしとはとても言えそうにない。

それに、インターナショナルスクールのスケジュールに合せるならば、今と同じ感覚で夫婦共働きするのは難しく、親のどちらかが、パートタイム、またはフリーランス、仕事を辞めるなどが現実味を帯びることになったかもしれない。英語学習のためだけに、そこまでする必要はあるだろうか？インターに行く理由が英語だけだとは思わないし、他にもたくさんのメリットがあってこそ、多くの人々がそこを目指すのだろうが、私にはどうにも納得できなかった。

結局、私は（私たちは）今の家族の形を捨てられなかったし、それで良かったと現在のところは思っている。それに、私個人としては、義務教育違反になるのはなんとも居心地が悪い。法律にもあるように、日本国にいる限りは親には子どもに教育を受けさせる「義務」があるのであって、そこを逸脱することに、心理的な抵抗がある。せめて小学校卒業、中学校ぐらいまでは、させてやりたいと思う。

　というわけで、ローカルの学校に通っている。私が小学生だった三〇年前に比べ、変化しているところ、変化していないところ、様々あるが、変化しているところとして最たるものの一つは、英語の必修化ではないだろうか。

　小学校で英語教育が必修化されたのが、二〇二〇年四月。その目標は、以下である[*1]。

生徒の英語力について、以下のとおり指標を設定しています。

・英語力について、中学校卒業段階でCEFRのA1レベル相当以上、高等学校卒業段階でCEFRのA2レベル相当以上を達成した中高生の割合の増加（5年後目標値：6割以上）

・全ての都道府県・政令指定都市において（傍線は筆者による）、中学校卒業段階で CEFRのA1レベル相当以上、高等学校卒業段階でCEFRのA2レベル相当以上を達成した中高生の割合を5年後までに5割以上にすることを目指す。

・特にグローバルに活躍することが期待される層の拡充に向けて、高等学校卒業段階で CEFRのB1レベル相当以上を達成した高校生の割合の増加（5年後目標値：3割以上）

＊1　文部科学省「外国語教育政策資料・事業・調査研究等」（2023/10/1 閲覧）https://www.mext.go.jp/a_menu/kokusai/gaikokugo/index_00006.htm

目標で言及されている「CEFRのA1レベル」の定義[*2]によると、「具体的な欲求を満足させるための、よく使われる日常的表現と基本的な言い回しは理解し、用いることができる。自分や他人を紹介することができ、住んでいるところや、誰と知り合いであるか、持ち物などの個人的情報について、質問をしたり、答えたりすることができる。もし、相手がゆっくり、はっきりと話して、助けが得られるならば、簡単なやり取りをすることができる」。

これで、十分かどうかはわからないが、これだけ英語学習へのサポートがあることには感謝するべきだろう。

我が家でできることは何か

言語の習得は簡単なことではない。子どもの英語学習については、夫が頑張ってくれていて、聞く方は、そこそこできている印象だ。だが、それだけではインプットもアウトプットも足りないので、未就学児の頃から英語塾に行かせている。その塾探しが大変だった。通える圏内に、そこまで多くの選択肢がない。もう少し都心よりの場所であれば、もっと多くのオプションがあるのかもしれないが、そこはもう、割り切るしかない。少ない英語塾の選択肢の中から、まずは、体験レッスンに行かせてみる。感触が悪くなかったところに通わせる。通わせてみても、うまくいくとは限らない。子どもたちはどちらかと言えばシャイな性質で、レッスンに全然参加せずに、端で傍観者を決め込んだり、途中から行き渋ってしまうことも多かった。いくつかの塾を試したが、そのうちの多くには馴染めずに、

＊2　文部科学省「各資格・検定試験とCEFRとの対照表」（2023/10/1 閲覧）https://www.mext.go.jp/b_menu/shingi/chousa/koutou/091/gijiroku/__icsFiles/afieldfile/2018/07/27/1407616_003.pdf

結局やめてしまった。今通う英語塾は、そんなトライ・アンド・エラーの末にようやく見つけ出した場所だった。ネイティブの先生にもなつき、これでしばらくは安泰かと思ったが、一難去って、また一難。その塾の英語以外が良くなかった。良くなかったというより、合わなかった。就学前は、英語を学ばせることに主眼が置かれていて、なかなか悪くないと思っていた。納得して通わせていた。だがそこは、小学校入学後の子どもには、中学受験に向けてビシバシと軍隊式の教育をする塾であった。私たちは、子どもに、適切な英語学習の環境を提供したかっただけなので、面食らった。そんなやり方にはついていけない、と思った。子どもも、軍隊式教育にすっかり萎縮してしまって、「行きたくない」を繰り返すようになった。親や家族に対する圧も強く、それが原因で家族間も一時期ギスギスしていた。家族で話し合いの末、「無理に塾の方針に合せる必要はない」との結論に至った。結局、通う頻度を減らすことで、小康状態を保っている。言語の学習を手放してしまっては、夫や、夫側の親族とコミュニケーション不全が原因で疎遠になりかねない、そんな不安がない訳ではない。ただ、その時にできる最良の選択をするしかない。

他の家庭はどうしているのだろうと思う。言語の教育は、どこでも頭の痛い話のはずだ。比較的、学ぶ場の見つけやすい英語でも一苦労したのだから、他の言語では、状況はもっと厳しいのではないか。一方で、「今は、○○語を学ばせるのは、難しい」とキッパリ割り切れたらどんなに良いだろうとも思う。中途半端に学習機会があるだけに、かえって本来の目的からブレたことをしているのではないか、と。

結局、今やっていることが、吉と出るか凶と出るかは、時が経ってみないとわからない。ただ言えることは、子どもが英語が嫌いになっては、元も子もなくなり、先がなくなってしまうということだ。

英語に嫌悪感さえなければ、必要があれば、最終的には自力で学習するだろうと思う。英語学習に限らず、子どもの強みを生かしつつ、どう教育するかは、どの家庭でも難しい話であろうが、言語への執着は、こと、国際結婚家族では、そうではない家庭に比べて比重の高い問題なのではないかと思う。

公教育の場での児童の英語学習の機会の提供とその目標については上述の通り。あとは、追加でどれだけ学習させたいかである。何に関してもそうだけれど、上を見ればキリがない。英語学習にしても同じだというのが私の意見だ。よく言われることだが、英語はあくまでスキルだ。話したい中身がないのに、スキルだけあっても意味がないのかもしれない。たとえるなら、「どんなに上手に自転車に乗れてもどこにも行きたいと思わないのなら、そもそも自転車を練習する意味ある？」といった感じか。宝の持ち腐れともいう。ただ、自転車と同じで、できるようになれば見える世界が変わる。見える世界が変われば、思考が変わる。一般論を言ったが、私としては、もっと英語ができれば、父親との関係が変わるのではないかと期待している。今、我が家は、子どもの反抗期なのか、やたらと親（特に父親）に楯突くフェーズに入ってしまっている。人間の成長の過程として、子どもらにも自我が芽生えて、それを表現できて、その結果として、われわれ親と意見の対立や反抗が起こっているのだと頭ではわかる。けれど、正直な感想としては、辟易している。原因は、一つに特定できるものではないが、一つは意思疎通の問題だと思う。自身の考えを表現しようとしても、英語ではとても伝えきれない。言葉で伝えられないから、余計に感情的になる。そういう側面も多分にあるのではないか。話せばわかる、言語が通じれば理解しあえる、だなんて、そんなロマンチックな話ではないことは承知している。でも、もう少し、ほんの少し、伝えたいことを言葉で交換できれば、ここまで衝突しないのではないかとも期待してしまう。子どもの成長につれて、家族の形が変わるのは、普通のことだ。

ただそれが少しでもポジティブであれよ、と願うばかりである。

現段階の結論

教育に限らず、これからのいろいろなことを、最終的には子どもが決めれば良いと思う。そんなこと、頭ではわかっているのだが、どうしても腹落ちしきらずに、余計なおせっかいをかけたくなる。「何事につけても、子どもたちは、きっと、賢明な判断をしてくれるはずだ」。そう信じてゆだねるしかない。

夫を日本で生かすミッション

シャーリー仲村知子（アメリカ）

はじめに

私たち夫婦は、結婚して日本に住み三七年になります。夫は定年退職しましたが、まだ仕事を続けよう、私もまた社会活動を続けていこう、とそれぞれが思いを新たにしながらこれまでの来し方を夫婦で思い出すことが多くなっていた頃、私に執筆のお話がありました。どこの夫婦にもある山や谷、でも国際家族では違う、そんな私の振り返りと今の心境をお話しすることが、お役に立つのならとお引き受けしました。私たち夫婦の思い出話に、しばしお付き合いいただければ幸いです。

サンフランシスコから日本へ

大学を出て海外で人生勉強をしたいと渡米し、数年待ち続けた永住権が取れ、薄給ながら念願の地元日系新聞社で働きはじめた私と、東部出身で弁護士になることを条件に受けていた実家からの援助を断ちバイトをしながら、これまた念願の中世ヨーロッパ史を大学院で研究していた夫と出会ったのは、八〇年代のサンフランシスコでした。二人の収入を合せても経済的にぎりぎりの生活ではありましたが、互いの家族とも行き来しながら、風光明媚な環境や職場を中心とした日系人コミュニティの人々の繋がりに助けられ、充実した日々を送っていました。

そんな中、日本の文部省（現在の文部科学省）の国費留学生試験に夫が合格し、私の故郷の国立大学で日本とヨーロッパの交流史を研究することにしたのでした。降って湧いた機会に双方の家族も大喜びでしたが、殊に私の両親は、もう帰ってこないものと諦めていたひとり娘が帰国する、それも「婿を連れて」、日本での二人の生活は大変だろうから当分は実家で同居して将来を考えていけば良い、親族への紹介の手前もあるから正式に結婚を、と諸手を挙げての歓迎モードの勢いでどんどんと結婚から帰国への話が進んでいきました。

東部から親族代表で来てくれた義弟を付添人（保証人）として市庁舎の婚姻届オフィスで宣誓して婚姻手続きは済ませ、次に友人が自宅で主催してくれた手作りの結婚披露パーティーに、義弟と日本から私の両親と叔母、そしてサンフランシスコの友人たちが集まり祝ってくれました。その数日後、帰国する両親と叔母を連れ東部の夫の家を訪れ、そこで夫の家族が親族への結婚披露パーティーを開いてくれ、後に私たちが日本に行ってから、今度は私の両親が親族に夫を紹介するための結婚披露宴を開き、私たちは計四回の「結婚式」を行なったのでした。

ちなみに、米国での私の婚姻名はサンフランシスコの市庁舎のオフィスで係官から「姓はどうするの？　ハイフンで夫の姓と繋げる手もあるわよ」と聞かれ即答でハイフン仕立ての姓にしました。

夫を連れての帰国

故郷に夫を連れて帰ったものの、移民の国、多人種の国である米国で永住権を取った移民としての私の経験は全く役立たず、外国人が日本に住むための様々な手続きは比べ物にならないほど煩雑でわかり難く、日本は外国人には閉ざされた住みにくい国という印象でした。生活そのものも外国人という存在自体が目立つ当時、市中では呆れるほど、「見世物」に寄ってくる見物客のような視線や対応は数知れずありました。そんな中で、両親の住む家の周辺は温かく迎え入れてくれる人々ばかりで居心地はとても良かったことが救いでした。

研究を続けながら生活基盤も作っていくために夫は学生ビザから日本人配偶者を持つ者として長期在留資格を申請し日本での職探しをはじめ、仕事が決まるまでは許される範囲（学生ビザでもアルバイトは許されていました）で英語を教えたりしていました。私にも米国でのキャリアで人づてに仕事のオファーも来ていましたが、長女を妊娠し、夫の職探しに加え、子育てをどうするか、住まいをどうするか、と状況はどんどん変化し、これまた両親の助けで、落ち着くまでは実家に同居することになり、長女が一歳の時に「スープが程よく冷める」距離にあるアパートに移りました。

両親は長く教員をしていましたが英語は話せず、それでも片言の英語（夫は日本語）や筆談でコミュニケーションをとることは問題なくでき、行き違いや諍いは多々ありましたがその都度互いに譲り合って徐々に家族になっていきました。夫は日本人が持つステレオタイプのアメリカ人像とは真逆で、人付き合いが苦手で外の活動よりも家の中で本を読むことを好むおとなしい性格で、父から「君は日本人より日本人らしい。こっちに骨を埋めてはどうか」と言われ、帰化を本気で考えたこともあったようでした。

一〇年ほど前に両親を続けて亡くした時、夫は自分の親を亡くしたように悲しんでくれ、お互い様とはいえ正直言って山ほど嫌なところのある夫ですが、あの涙を流す姿は忘れることはありませんし、それは私の支えとなっています。

戸籍（出生届と子どもの名前）

一九八四年に国籍法が父母両系血統主義に改正になり、施行された一九八五年以降に娘と息子が生まれたので、母が日本人でも外国人との間に生まれた我が子たちは日本国籍もてるようになりました。それまでの父親の国籍のみという時代に比べると裁判所に日本国籍を求める申し出は必要もなく、昭和の終わりにやっと国際結婚での不合理の是正（法改正）を求めた当事者からの働きで父母両方の血統が許されるようになった日本の前時代的な古い法制度には呆れました。

しかしながら結婚した当時はまだ外国人との婚姻では夫の姓は選べず、夫は帰化していないので戸籍の筆頭は私で、私と子どもたちは選択肢がないまま夫の姓を使えなかったのです。出生届時で戸籍のどこかに夫の姓を記したい、アメリカのルーツを残したい、と子どもたちの名前には日本語の名前の後ろにアメリカの名前と夫の姓をカタカナで加えました。

この時は、まさか我が子がその戸籍名によって理不尽な扱いを受けることになろうとは、思ってもいなかったのでした。

子どもたちは、幼稚園、小中学校、高校、大学の間は夫の苗字に日本の名前を付けた通称にし、私はハイフン仕立ての苗字を通称として名刺などにも用い、日常的に子どもたちと同じように夫の苗字で呼ぶよう周囲にお願いしていたので何の問題もなかったのですが、公的手続きや就職では、通称ではなく戸籍名を使うことが必要になり、苦肉の策であった夫の姓や米国名のカタカナ部分が加わった戸籍の名前は、一瞬にして彼らがミックスルーツであることを周囲に知らせてしまうことになり、子どもたちが幼い頃から嫌っていた奇異な目が向けられる原因となったのでした。

幾つか例を挙げるなら、外国人の名前が書かれた住民票は当時はなく、母側は戸主が私の住民票で父側は外国人登録証明書、という二通を併せて提出しなければ身元の証明にならなかったり、銀行の通帳や選挙の時の投票用紙は字数が多く省略されてしまったり、そうやって短縮される一方で、病院や銀行窓口ではカタカナ部分は抜きで短く呼んでほしいとお願いしていても長々とフルネームで呼び出しされて衆目を浴びたり……へこむことの繰り返しでした。

文化の継承とバイリンガルではないこと

子どもたちが幼い頃、夫は私たちの生活費と大学院の学費を稼ぐために会社勤めや様々な仕事を掛け持ちしていて忙しく、朝早く出て夜遅く帰る毎日でした。また、将来的に大学で教鞭を執ることを目指した夫には、当時は日本人が教えられない分野、つまりこれまで専門としていた史学ではなく英語を教えることが求められ、そのために言語学へ専門を替えて土日は通信制の大学院のスクーリングで家にいないことが多く、当然ながら子どもとの時間が持てずにいました。皮肉にも夫は他人に英語を教えても、子どもたちには英語を教えることが叶わなかったのです。

一方私は、実家の両親は常に助けてくれてはいたものの、何もかも世話になるわけにはいかないと、夫の仕事や勉強の手伝いもしながら少ない収入ではあってもパートの仕事もこなし、家ではほぼ母子家庭の状況で子育てと家計のやりくりに追われていました。言い訳に聞こえるかもしれませんが、私のワンオペでは英語での子育てに限界があり、あるとき子どもたちの日本語すらおかしくなってきたので、これはもう美しい日本語が話せることの方が重要だ、と早々に諦めました。

子どもたちにとって父親と母親との会話は英語であっても子どもを交えることがなく、私の両親や親戚、子どもたちの遊び友だちやその親たち、近所の人たちとの会話は日本語でしかなかったわけですから、コミュニケーションツールとしての言語は日本語で十分なまま育ててしまったのです。

一方で、幼い頃から絵本にはじまり児童書や事典は英語でしたし、英語の映画やドラマ、ビデオは原語で観せ、複雑な内容になると日本語字幕にしていました。年中行事も子どもたちにとってアメリカと日本の両方を祝うことが当たり前で、殊にクリスマスは今でも一年でいちばん重要な家族の行事で、お正月はその次なのです。

子どもたちはあまり自覚していないようですが、英語を聞く耳や読解力は備わっていますので、いつか自分で自信を持って挽回できることを願っています。そうは言っても英語を話せない（臆してしまう）ことに関しては、もう一押しして話せるようにしていれば子どもたちの生き辛さが少しは減らせられたのではないかと、今でも申し訳なさでいっぱいです。もし過去に戻ることができるのなら、私にとって何よりもそれがいちばんやり直したいことです。

ミックスルーツの生き辛さ

中学生の頃、子どもたちは不登校になってしまいました。

なぜ不登校になったのか？「思春期の自分探し」と一言では収まらない個々それぞれに異なる要因があり、息子は当時「（理由をたどって）ミトコンドリアに聞いてもわからないだろう」と言いましたが、母という立場から離れて冷静に第三者的な目で見ても、ミックスルーツの子どもであることの生き辛さが大きく関係していることは確かです。子どもたちは幼い頃から、褒められる場面では「ハーフだからできる」「やっぱりハーフは優れている」、できないと「ハーフのくせにできないのはおかしい」と言われ続け、たとえ言っている人に悪意がなくても、受ける側は個人の資質ではなく必ず付けられる「ハーフ」という呪文によって自己肯定感が阻害されて育ったのですから。

私が子どもたちを励ましている時、娘が激しい口調で「マミー（私のことです）はハーフじゃないから私たちの気持ちがわかる訳ない！　なぜ外国人なんかと結婚したの！」と言いました。あれほど傷ついたことはありません。言った娘もまた諸刃の剣で自分をも傷つけていたからです。なぜこんなことで私たちが苦しまなくてはいけないのか、未熟な社会を恨むこともまた情けなく、傷を深くしてしまうのでした。

三年前だと思いますが、『半分姉弟』という漫画がネット配信されているから読んで。私たちハーフの気持ちを代弁してくれている」と、結婚して県外にいる娘から珍しく「ハーフ」という話題で連絡がありました。確かに、戸籍名のことも私たち家族の状況とそっくりでした。ひとりではない、同じように苦しんでいる仲間がいると娘は感じたようです。その頃また、娘から「戸籍の名前を恨んだことがあったけれど、結婚して姓が変わっても私の名前にはルーツが記されていることはありがたいと思っている」と言われ、長く抱えていた心の重しが軽くなったのでした。

国際結婚について

出会うまでの人生が違うこと、家族など互いの背景が違うこと、それは同国人同士の結婚でも乗り越えていくことの努力は必須ですが、国際結婚のそれは異文化異言語ゆえに並大抵のことではありません。私の場合は互いの理解を諦めることは自分の選んだ人生の大変さに屈することだと考えていますので、何か誤解に繋がるようなことが起こるたびに事細かに夫と話し合う機会を作るようにしていました。子どもたちのいないところで穏やかにやっていたはずなのですが、つい声を荒げてしまうこともあったようで、子どもたちはずっと言い争いが多い夫婦だと思っていたようです。今では子どもたちも、「よくやるよ」という顔をしながら私を理解してくれています。

その点で私たち夫婦は、わかり合えていると誤解してボタンの掛け違いが進むのではなく、「ボタンは最初から掛け違えているので掛け直す」ことが当たり前になっており、これは国際結婚で得したことだと考えています。

私の夫は私と共にもう三〇年以上日本に住んでいて、「そんじょそこらの日本人」よりも日本をよく知っているのです。帰化するつもりはないようですが、今後もずっと日本の地で生きていくつもりのようです。子どもたちは戸籍上だけでなく、日本で生まれ日本で育って三〇年以上になります。れっきとした日本人です。

「だからもう『ガイジン』と呼ぶのはやめてよね」
「だからもう『ハーフ』と呼ぶのはやめてよね」

私はまだ、夫や子どもたち、そして同様の環境にある人々と、日本で生きていく辛さとの「闘い」を続けます。ひとりでも多くの方が国際結婚や国際家族への理解が進み、日本の社会を変えていこう、と共に歩んでくださることを願っております。

おわりに

「国際結婚を考える会」から「夫婦愛について」のテーマで執筆の話をいただいた時、担当の方からの「お連れ合いに焦点を当ててご夫婦の出会いから今までの歴史や想いやご夫婦愛について」という文言、殊に「夫婦愛」に違和感を覚えそれが次第に怒りに変わり、美談や成功例を求めているのなら書けない、とお返事し、失礼も顧みず以下のように綴ったのでした。

《私は夫と日本で生きる為に奔走し、今も「夫を日本で『生かす』こと」「次の世代がより自然にミックスルーツの自分を誇れる日を願うこと」の日々が私たちの姿です》

この私の思いを優しく受け止め寄り添ってくださった担当の方には無礼をお詫びするとともに心よりお礼を申し上げます。

コラム3　国際家族の戸籍、住民票、なまえ

戸籍は日本人だけのもの

国際結婚の届け出をすると、日本人の夫または妻の氏名（筆頭者）で戸籍が作られます。外国人配偶者の氏名は明記されません。ただし、だれだれと婚姻したという届出事項は戸籍の身分事項欄に記載されます。子どもが生まれると日本国籍がある場合は、父、または母の戸籍に記載され、父と母の氏名が明記されます。外国人と結婚しても姓が変わらず、夫婦同姓を強いられる社会では不便な面もあり、夫の通称名を使う女性も多く、家庭裁判所で氏の変更を申請して変更する場合も見られました。

なまえ（戸籍の氏名）

一九八五年の改正戸籍法では、婚姻届け出後六か月以内に、「外国人との婚姻による氏の変更届」を市区町村役所、または在外日本領事館に出すことによって、外国人配偶者の姓（カタカナ、または漢字）に変更できることになっています。国際結婚は夫婦別姓か同姓かを選べます。

戸籍法　第十五節　氏名の変更

第百七条　やむを得ない事由によつて氏を変更しようとするときは、戸籍の筆頭に記載した者及びその配偶

者は、家庭裁判所の許可を得て、その旨を届け出なければならない。② 外国人と婚姻をした者がその氏を配偶者の称している氏に変更しようとするときは、その者は、その婚姻の日から六箇月以内に限り、家庭裁判所の許可を得ないで、その旨を届け出ることができる。③ 前項の規定によつて氏を変更した者が離婚、婚姻の取消し又は配偶者の死亡の日以後にその氏を変更の際に称していた氏に変更しようとするときは、その者は、その日から三箇月以内に限り、家庭裁判所の許可を得ないで、その旨を届け出ることができる。④ 第一項の規定は、父又は母が外国人である者（戸籍の筆頭に記載した者又はその配偶者を除く。）でその氏をその父又は母の称している氏に変更しようとするものに準用する。

住民票と在留カード

二〇一二年七月九日から新たな在留管理制度が導入され、「外国人登録証明書」に代わり、中長期在留者には「在留カード」または「特別永住者証明書」が交付されています。また、新制度の対象となる外国人には、日本人と同様に住民票が作成されることになり、国際結婚家族の場合も全員が住民票に記載されるようになりました。

はじまりの一〇年——在日コリアンと家族した頃

蒔田直子（大韓民国）

国際結婚を考える会が活動をはじめた頃から「四〇年の後」というのが、この本のテーマだが、私は一九七〇年代後半からの一〇年間を振り返ってみたい。その時は手探りの渦中で行く先は見えなかったが、その一〇年の間に、今もかかえているテーマのほぼ全てが出そろっていたと思える。

はじまりの町で

日曜日、大阪、環状線の鶴橋駅から迷路のような市場を通り抜け、若い人たちで大賑わいの御幸通商店街（コリアタウン）の「大阪コリアタウン歴史資料館」に向かった。かつて「猪飼野」と呼ばれていたここは、韓流ブームをとらえた共生の町づくりで、一世紀前から根づいた在日コリアン（朝鮮半島にルーツを持ち日本に暮らす人びと）、様々な国のニューカマーたち、日本人も観光客も入り交じり、毎日がお祭りのような賑わいだ。古くからあるキムチや蒸し豚、朝鮮料理の店と、韓流スターやコスメの新しい店が並ぶ市場、その真ん中に、日本の植民地時代のこの町のはじまりからこれまで、そして未来にまで複数の視線を拡げようという歴史資料館が二〇二三年にオープンした。

私がこの町にやってきて、在日一世の女性たちが文字の読み書きを学ぶ識字教室、「生野オモニ学校」に参加したのは一九七七年だったから、それからも半世紀近い時間が経った。日本で最大の在日コリアンの集住地域、生野区御幸森の朝鮮市場を一筋入った路地で、親しくなった一人暮らしのハルモニ（おばあさん）の家に居候し、一〇〇年前の「君が代丸」でこの町にやってきたハラボジ（おじいさん）のお話も傾聴した。

この町に暮らす在日コリアンはなぜ済州島出身者が多いのだろう？　一世の老人たちの聞き書きをしながら、謎解きするように一九二〇年代の資料を探し回った。二〇代になったばかりの私は、この町ではじまった「生野オモニ学校」で在日一世の女性たちに出会い、魅せられた（としか言いようがない）。その女性たちはこの世を去り「歴史資料館」の写真の中で、一世の堂々とした歩き方で市場を闊歩している。

「オモニ学校」で出会った在日二世と一緒になり（今は別れたのだが）、ムスメ二人が成長するこれまでの自分の時間を振り返ると、とても個人的なことなのに、それは日本と朝鮮半島がたどってきた歴史のその時どきを生きたのだと感じる。一九二三年、大阪と済州島の直行航路に「君が代丸」が就航し、関東大震災で日本人自警団の手で六、〇〇〇人を超える朝鮮人が虐殺された年から一〇〇年の時が経った。

一九四五年、日本の敗戦時には朝鮮半島からの二三六万人もの朝鮮半島出身者が「日本人」として日本列島にいた。三五年間の植民地支配によって日本列島に移住を余儀なくされた人びとである。一九五二年、サンフランシスコ講和条約で朝鮮人は日本国籍を失い、たった一片の通達で国籍選択の機会すらないまま、一律に外国人とされた。そして、朝鮮半島への帰還を、植民地への戦後処理として補償されることはついになかった。

この戦後処理のあり方に、「管理」の対象とされる外国人への人権侵害を当然のこととする、現在の出入国管理法及び難民認定法、外国人政策全体の問題の根っこがある。

日本の敗戦から三〇年後の一九七〇年代半ば、在日コリアンは約六五万人、日本在住外国人の八六%を占めていた。当時でも日本人との結婚は在日コリアン全体の婚姻数の四九%、半数に及ぶ（一九七六年）。長い間、日本人の「国際結婚」の最大数は、日本で生まれ育ち、朝鮮半島では暮らしたことがない在日コリアンとの結婚だった。私たちと同じように、結婚しようとして、その手続きが「国際結婚」で、相手は外国籍だと初めて気づくのがほとんどではなかったか。

私が元夫と出会った時、日本国内の「外国人」の九割は在日コリアンだった。半世紀後の二〇二三年は在日コリアン四四万人で、日本在住外国籍者の二割（中国人七四万人、ベトナム人四五万人）。外国籍住民の国籍地図は半世紀で大きく変化した（外国人人口は厚生労働省の「人口動態統計年報」による）。

「日本には朝鮮人問題はない、あるのは日本人問題だ」

私が生まれ故郷の静岡市を離れ、京都の大学に進学したのは一九七三年。学生運動はかつての勢いを失っても、学費値上げとなればバリケードストライキが行われ、キャンパスには残り火が時折燃え盛った。大学二年生の時、韓国に留学していた同年代の在日の学生たちが「北のスパイ」として逮捕され、激しい拷問の末に死刑や無期の判決が下される事件が、たて続けに起こった。当時、朴正熙大統領の軍事独裁政権下の韓国では、朝鮮戦争後も緊張が高まる中で数知れない人びとが無実の罪で投獄されていた。

同世代の学生が捕らえられ、拷問された末に「北のスパイ」と死刑判決を受ける残酷さに私は震え上がり、いてもたってもいられない思いで救援活動に参加していったのだが、思えばそれまで一人の在日コリアンにも出会ったことがなかった（日本名を使っていて私が気づかない誰かがいたかもしれない）。「政治犯」にされた二〇歳の同い年の人たちは、すぐそばに生きていて差別に苦しみながら自分の根っこを探しに、光を求めて韓国に留学したのだった。なぜ日本に在日コリアンが暮らしているのだろう？　日本が朝鮮半島を植民地にしていたこと、植民地支配と戦争責任が果たされないままに、在日コリアンが代を重ねても、選挙権をはじめ住民としての権利を奪われていることを一つひとつ学んでいった。それは、自分の無知を学んでいく過程でもあった。

知人が、当時のガリ版刷りで「日本には朝鮮人問題はない、あるのは日本人問題だ」という小さなリーフレットを作った。それは、半世紀後の今もちっとも変わっていない。

二〇歳の社会へのめざめは、自分は無知でも困ることのないマジョリティだという自責の念とともにあった。

オモニ学校に行ってみた

そんな時に、生野区ではじまった一世の女性たちの識字教室「オモニ学校」を手伝わないかと声がかかった。見学のつもりでおずおずと出向いたキリスト教会は、満員で熱気にあふれ、入口に立ったとたんに、「人が足りない！　すぐにこのオモニと一緒にやってみて！」と、否応なく机に向かい合って座ることになった。えんぴつの持ち方や、平仮名の「あ」からはじまって、ゆっくりゆっくり一時間ほど。その夜のうちに帰り道で一緒にお好み焼きを食べ、気がつけば翌週の勉強を約束して京都に戻った。しばらくすると、彼女から「ナ（わたし）は、ほかのオモニらより若いでしょ。ミッコ

（密航）ですねん」と打ち明けられた。済州島から「密航」して子どもも生まれ、ひっそりとこの町で暮らしているのだった。

「密航」とは、多くの人たちが「難民」として命を繋ぐために行き来し、日々の暮らしの底にあることだとしだいにわかってきた。朝から一日中ヘップサンダルの家内工業や内職で稼ぎ、夜になるとオモニ学校にやってくる年配の女性たちは、私を家に引き入れては、まずは「ご飯食べたか？」といつも山盛りのごはんとキムチを食べさせてくれるのだった。日本にやってきて、数十年の年月「とてもことばでは言われへん」という苦労の日々の断片をオモニたちは語り、それを一言でも聴き洩らすまいと耳をそばだてた。

オモニ学校半世紀のお付き合い

四・三事件とは

生野区には済州島出身者がとても多い。日本の敗戦後に朝鮮半島の北緯三八度線以南は米軍が占領し軍政が敷かれて、三八度線以北を支配するソ連と対峙した。済州島では、警察や朝鮮半島本土から送り込まれた右派団体の島民への暴力が苛烈を極めていた。

一九四八年四月三日、朝鮮半島南部だけで選挙が行われることに反対した島民が警察支所を攻撃、その鎮圧に乗り出した軍警の弾圧が歯止めない無差別殺戮へと広がっていき、多くの村が焼き払われた。虐殺は朝鮮戦争（一九五〇年～一九五三年）と重なり数年間におよび、乳児から老人まで三万人とも五万人ともいわれる島民が犠牲になった。村ごと消滅してしまった集落も多く、死者の全容は明らかになっていない。そして、その後も一九八七年の民主化まで長く続いた軍事政権下で、済州島四・三事件は語ることのできないタブーになり、遺族も沈黙を強いられた。

後に私が結婚した人の両親や兄姉たちは、日本の敗戦少し前に、何度も遭難しながら済州島に帰りついていた。しかし数年後には四・三事件の勃発から何年も続く虐殺をかいくぐり、命からがらに再び大阪に戻ってきた。一人ひとりをどう逃がすかは、危機を切り拓く胆力に満ちたオモニ（母）の裁量によるものだった。オモニは、どのようにその逃げ道を見つけ出し、お金を工面したのだろう？　小さな船の底に身をひそめる「密航」と呼ばれる航海は、虐殺や迫害から逃れるために命がけで移動する難民の逃避行そのものだった。遭難も頻繁に起っており、一家の誰一人も命を失わなかったのは、奇跡としか言いようがない。四・三事件から続く虐殺、朝鮮戦争の勃発と済州島の飢饉が重なる中で、何年もかけて一人ひとりばらばらに逃避行は続き、最後に元夫のすぐ上の姉が一〇歳で大阪にたどり着いた時には、栄養失調で腹が大きく膨らんでいたという。

一家が大阪に逃れついてから、四四歳のオモニの一〇人目の末息子として元夫が生まれた。それは一九五二年、サンフランシスコ講和条約で、日本にいた朝鮮人が（正式に）日本国籍を失った年だ。日本の敗戦から七年間、朝鮮半島との間に命がけの往来があった。逃れようとした虐殺や戦乱は、日本が朝鮮半島を植民地支配し、その終焉と同時に朝鮮半島が東西対立の戦場にされたことに端を発する。日本政府は、まだ日本国籍を持つ旧植民地の人びとの移動を禁じ、発見して摘発し、命を救うのではなく捕らえて大村収容所から戦場の朝鮮半島に強制送還したのだった。

元夫からは、「辛すぎるから、家族に四・三のことを聞いたらあかん」と言われていた。惨劇の真っただ中の村に居て、殺された死体の山の下から這い出たり、年長の青年たちに連れられて山に入り、掃討作戦で殺される寸前に逃げおおせたりした義兄たちの話は、親族が集まる祭祀（チェサ）の時などに時おりとぎれとぎれに語られた。それは、身の毛がよだつような恐ろしい断片の数々だった。

「拷問されるとけものか犬の遠吠えのような声が出るんや、にんげんとは思えないような声がな」。

「海は死体でいっぱいやったから魚が肥えてな……そらもう、ようけ獲って食ったで」。

それでもきっと私はもう少し知りたいという顔をしていたのだろう。義兄さんはたいてい「そんなもん、もうとても口では言われへん」と言ってそこでおしまいになる。

私が知識として知る「四・三事件」は、義兄たちにとって「口では言われへん」壮絶な経験でありながら、周囲の済州島出身朝鮮人の多くが経験した、まるで「どこにでもあるあたりまえ」の、言うにも及ばない出来事でもあるようなのだった。〇〇事件と名付けられるのは後世のこと。何の情報もなく、恐怖の中でそのただ中にいる時には、自分たちの身に何が起こっているのか全くわからないままに殺されてしまうに違いないと思われた。

朴一族と日本人のヨメ

朴一族一〇人の兄弟姉妹の中で、日本人と一緒になったのは末弟だけだった。いちばん上の姉は日本の敗戦直前に戻った済州島で暮らし続け、四・三事件を機に大阪に命がけで戻った兄姉たちは、それぞれに生きるためにあらゆる仕事をした。日本生まれの末弟だけが大学に進学したけれど、在日の家で大学に進学できる男子に期待される医学部でないばかりか、学生運動の時代でその真ん中に飛び込んでいってしまった。

小柄なオモニは一家の柱だったが、六〇歳の還暦を迎えた時、夫や子どもたちも残して一人で故郷済州島への帰還を果たし、一〇年を海辺の村で暮らして亡くなった。元夫が私をオモニに紹介した時、私の顔はどう見ても済州島顔だ、済州島の娘だとオモニは言い張り、「こいつはカネないで、ほんまに良いんか？」とにっこりされた。済州島のオモニの家を訪ねる約束をした二か月後に彼女は心臓発作で急逝し、どこまでも異国だった大阪での火葬ではなく、希望どおり故郷の海を見渡す丘の上に土葬された。

私たちは珍しく双方の家族からの反対を受けずに一緒になった。周囲には何組かのカップルがいたけれど、みんな日本人家族の反対に悩み、親との関係を断ち切って一緒になる友人もいた。元夫のきょうだいたちは、オモニが了解した末弟の相手に反対などしなかった。産廃の仕事をして一族の中心だった義兄は「あいつだけ俺らとはちゃうねん。えんぴつで食ってる奴やから」とよく言っていた。元夫は教員で（えんぴつで食い）、確かに義兄たちはみんな身体を張って食っていた。長男の義兄は私の父と同い年で、思えば家族は夫以外みな海を何度も越えてきた在日一世だった。

そして、初めての祭祀で、日本にこんな空間があったとは！　とどんなに驚いたことだろう。亡くなった家族親族の命日に一族が（大家族でいつも四〇人は超えていた）、夕方から（正月と秋夕の茶礼は早朝に）次々にやってきて盛大に飲み食いし、しきたり通りにしつらえた祭壇の前で真夜中過ぎに順に礼をする。その後にまた会食し、明け方まで続くこともあった。女たちは何日も前から準備し、ナムルやチャプチェなどは、たらいにいっぱい作る。みんな大声でたくさん喋り、怒鳴り合いの喧嘩も起こるのでびっくりするが、真夜中になれば喧嘩も忘れ、男から順に並んで床に頭をつけ揃って礼をする。女だけが立ち働く世界だったけれど、力関係では義姉さんたちが男たちを凌駕していた。自分たち二人だけの時とは全く違う態度で私に命令した夫に腹を立て、「帰る！」と真夜中の高速道路で、スピード違反で捕まったこともある。でも私は、あの混とんとした祭祀の夜がおもしろかった。にぎやかで笑いも争いも絶えず、真夜中の礼で一体感を強める祭祀の空間は、子どもたちが成人する頃には義兄たちの死で途絶え、思い出すと胸が締め付けられるほど懐かしい、二度と再現できない場になってしまった。

市民運動で出会うということ

一九七〇年代、日立就職差別裁判をはじめ、在日コリアンへの様々な差別を、裁判や市民運動でのりこえようとする動きが各地ではじまった。社会運動の主語は「われわれ」から「わたし」になり、舞台は世界（革命？）から地域へ、気がつけば自分の暮らしの場へと転換していた。この流れの先に、男女両系の国籍法を求めて当事者たちが声を挙げた「国際結婚を考える会」も生まれた。

差別を「日本人の問題」としてとらえる日本人は、裁判や行政交渉といった具体的な運動を在日コリアンと一緒に行うようになった。一九七九年には京都でも、在日コリアンと日本人が力を合せて「東九条オモニ学校」を開設し、私も設立の時から参加した。

在日コリアンと日本人が一緒に何かをする時、日本人は相手が置かれた状況や歴史をなかなか理解できず、たくさん衝突したため、そのたびに話し合った。オモニ学校は、差別と貧困で文字を手にすることができなかった一世の女性たちが、文字の読み書きを獲得したいという切実な必要からはじまった。それは、文字だけではなく人生を取り戻す場というべきで、むしろ若い者たちがオモニたちから学ぶ場だった。そこでは、想定外の出来事が次々に起こったけれど、そのいちばんは、在日コリアンと日本人の恋愛と結婚が生まれたことだった。多彩な背景や職業の若い人たちが集い、オモニたちを真ん中に、それぞれが「異なる」ことこそが魅力だと発見していく。そんな場だったのだと思う。

こうした場（社会運動系？）の出会いでは、在日コリアンは民族名を名乗り、日本社会での差別の現実にも「差別する方が悪い」という前提が二人の間にはあった。それは在日コリアンと日本人の結婚の中で、むしろめずらしいことだっただろう。子どもの頃、友だちといる時に（ひと目で朝鮮人とわかる）母親の姿があると、道を遠回りして会わないよう避けた……どんなに多くの二世の友人たちから、深い痛みとともにこの話を聞いたことか。その一世の女性たちは、なぜあれほどの熱意で文字を習得しようとしたのか。文字が読めないことで味わった屈辱の痛みを思わずにはいられない。受けてきた差別はとても厳しく、朝鮮にルーツがあることを隠し通して暮らす人たちは少なくはなかった。

国籍・名前をどうしようか

日本人同士なら「入籍」し、ほとんどは男性の名前になる結婚……戸籍制度というものに私は以前から疑念を持っていたので、婚姻届を出す結婚はとりあえずしないと決めていた。在日コリアンとの結婚は国際結婚であるため戸籍制度からはみ出す、そして結婚した一九八四年の法律制度では別姓が原則と知った時は、肩すかしをくらったような、少しほっとした気持ちになった。

「婚姻制度には、はまりたくない」「父親の国籍だけを継承する国籍法は女性差別だ」と私は考えていたから、それなら結婚せずに産めば良いのだけど、そうすると子どもは私の姓で、父親の朝鮮というもう一つの根は隠れてしまう。どうしたものか悩んでいた時「国際結婚を考える会」を見つけて駆け込み、国籍法改正が近いことを知った。日本と韓国、ふたつの国籍を、生まれてくる子は持つことができるかもしれない。未来の子どもに、選択の幅を拡げたかった。一九八四年、国籍法改正の年、出産直前に婚姻届を出した。生まれた赤ちゃんは父親の姓で韓国籍、日本での在留資格は「協定永住」だった。私の戸籍にも住民票にも子どもは記載されず、私一人だけ。職場の出産祝い金申請に、提出を求められた公的書類がなくて困ったのを覚えている。

国籍法が改正されたことにより、その当時でもすでに日本人との結婚数は五割を超えていたから、その子どもたちの日本国籍取得により、在日コリアンの人数は減っていく未来が明確になったのもこの時だった。

私は職場や社会運動では自分の名前を使い、子どもたちは「朴」の名前だったから、保育園やご近所では私も朴さんと呼ばれていた。

一九八四年、戸籍法の改定で、外国人夫の姓に改姓することもできるようになった。私は婚姻で夫の名前になるのは、相手が誰でもしたくはなかった。また、朝鮮人ではないのに朝鮮名を名乗るのは、「加害者としての日本人」をあいまいにすることではないか？　と思っていたのだった。在日コリアンと結婚した女性で夫の姓を名乗る人もいて、それはなぜ？　と尋ねたこともある。「結婚の時にも親たちに反対され、一緒になるなら同じ名前で生きないと差別に立ち向かえないと思ったから」とその人は答えた。

私自身は、家族の名として朴を使う時に、「ふーん、こんなことが起こるのか」と、思わぬ差別に出会うことはあっても、自分がそこなわれるような深い傷を負ったことはなかった。二人目の子の陣痛が起こった夜、当時課せられていた外国人登録証への指紋押捺を拒否していた夫に、「明日の朝たぶん逮捕されるから、準備しておくように」と連絡が入った。あらタイミング悪いなあ、さあ来るなら来い、お産でも逮捕でも！　という気持ちだった。正しいことをしているのだから、自分が傷むことは何もない。そうして二人の娘に恵まれ、目の前の子どもの命というものに夢中になり、働き、時おり子ども連れでオモニ学校にも通い、日々は忙しく回った。

「帰れ」ということばについて

私自身が、差別がいかほどのものか自分ごととして初めて味わったのは、子どもが小学校に入学して間もない時だった。

小学校に入学して二学期の半ば頃だったか、ある日の夕ご飯時、唐突に「かえれって、どこにかえれというのかな？」と何気ない感じで娘が口にした。え、と私が聞きとがめた。かえれ、って誰かが言うの？　……お友だちがね、ちょうせんじん、かえれと言うの、ということを少しずつ聞きだし、お友だちの誰が？　ちょうせんじんと言ったの？　と、私の声もうわずっていただろう。最近はじまったことではなく、そこに込められた侮蔑を感じ取ったちいさな子は、親には言わず胸に押し込んでいた。そしてその言葉を口から吐いたのも、やはり七歳の子どもなのだった。

その夜、「日本人のあなたには、わからん。これは自分と娘で立ち向かう」と言った娘の父親と「誰がいちばん近くにいると思ってんの！」とまずは壮絶な喧嘩をした。

放置できない差別はすがたかたちを変えては起こり、担任や子どもの親や、学校に出向いては話し、「日本にはなぜ朝鮮人がいるのか」を子どもたちにわかるよう教えることを求めたり、実際に授業をさせてもらったりもした。通っていた小学校は当時の「同和対策推進校」で差別は許さない建て前になっていたし、京都市にただ一校残った、課外ではなく授業内に民族学級（朝鮮人生徒のための民族教育を行う学級）を開く公立小学校でもあった。しかしそんなことは、ほとんどなんの役にもたたなかった。「自分も同じ名前でないと差別に立ち向かえない」という友人の言葉の意味が初めて実感を持って迫り、シーツがねじれるほどに悶々とした夜もあった。

それでも一九八〇年代という時代は、一人が動けば世の中を変えることができる、そんな手ごたえを握りしめていた。国籍法は女性たちの力で変えることができた。当時の「外国人登録証」指紋押捺は、多くの逮捕者を出しながら「わたしは押さない」という行為の重なりで止めさせることができた。子どもたちが成長する頃には、選択的夫婦別姓も複数国籍の容認もきっと実現できるはずだと、今よりも良くなる未来を思い描いていた。九〇年代の日本の戦争責任を全否定するようなバックラッシュ、そして外国人排斥の行列が町を行進し、ＳＮＳでの差別言動が人を追い詰める未来を、その時は想像もしていなかった。

二〇二三年一〇月、ネット上で「さっさと祖国へ帰れ」と差別攻撃されたと、在日三世の崔江以子さんが起こした訴訟の判決が横浜地裁川崎支部であった。「帰れ」はヘイトスピーチ解消法に定める差別的言動にあたり、憲法一三条で保障される人格権を侵害する違法なものと認定し、一九四万円の損害賠償を加害者に命じた。私の娘が「どこにかえれというの？」とつぶやいてから三三年、そして数知れない在日コリアンが一〇〇年を超えてあびせられてきた「帰れ」が、違法なヘイトスピーチであることが初めて認められた。

原告の崔さんは、川崎市で地域の人びとや様々な外国ルーツの人たちが集う施設「ふれあい館」の館長を務めている。在日コリアンの集住地区である桜本に、ヘイト集団は憎悪のデモを繰り返し、脅迫状を送り続けたのだ。

判決の前日、「ふれあい館」で開かれている「ウリマダン」（わたしたちの広場）という在日一世のハルモニたちの識字教室を訪ねた。この教室に通う高齢のハルモニたちが、みんなで一文字ひともじ、白い布に五色の絵の具で描いたのは、「さべつはゆるしません」の一〇文字だった。勝訴判決を受け、晴れ渡った裁判所前に、原告の崔さんと息子さんがその旗を掲げた昼下がりの歓声は、今も耳の底に残っている。世代を超えて、未来の子どもたちに希望を繋いでいく行為が一歩一歩重ねられてきたことを、光のように全身で受け止めたその日だった。

ドイツで子育て、そして離婚

小泉美津子（ドイツ）

はるか昔のことになってしまったドイツ人夫との婚姻生活。これを書くにあたって、苦い想いと反省が湧き起こってくる反面、懐かしい風景が私の中で走馬灯のように蘇ってきています。たぶん時間が経った今だからこそ書けるのかな、と思って書いています。

出会い

彼と出会ったのは東京。ちょうど語学留学のドイツから帰国して仕事を探していた時だった。今のようなインターネットがまだ普及していない時代であったので、ジャパンタイムズや在日ドイツ商工会議所に掲載されている求人などを見る日々であった。そんな求人広告の隅にある友だち探しの掲示が目に留まった。日本に来たばかりのドイツ人が話し相手を探している。ちょっと心が揺れた。

バブル期の結婚と会社設立

どんなカップルでも知り合った当初は未知の相手を知ろうという思いで楽しいものだ。私は彼の話を聞くのが楽しかった。シベリア鉄道に二週間も乗ってナホトカから船で横浜港に着いたこと。毎日ロシアの殺伐とした草原を二週間も眺める鉄道の旅は、私にはできないなぁと思いながら聞いていた。ベルリンで合気道の黒帯を習得し、日本でさらに合気道を極めたいこと。私はこの時初めて「合気道」というスポーツを知った。彼が働きはじめた会社の国際色豊かな同僚たちとの付き合いは、私の世界を広げてくれた。そして、彼の里帰りに同行して両親に初めて会った。北ドイツのオランダに近いオストフリースランドの北海に面するのどかな田舎町で、水車や名産の小エビ漁業の船などが珍しかった。北国の肌を刺すような冷たい空気を、彼の母は「フレッシュ」と言って、決して冷たいとか寒いとか言わない。ドイツ語と英語が混ざったような方言も面白かった。彼の家族に温かく迎えられて家族の一員になった気がして嬉しかった。

日に日にお互いの距離が縮まり、彼の「家族になろう」という言葉で結婚することになった。映画で見る、跪いて婚約指輪を差し出しながらの結婚申し込み、はなかったが、私たちにとっては自然な成り行きのような気がした。

一九八六年から一九九一年の日本経済はバブル期であった。翻訳会社に勤めていた夫はフリーになり、私たちは翻訳会社を設立した。当時は営業などしなくても仕事が入る時代であった。事務所を借りて通勤し、帰りは二人で寿司屋のカウンターに座りマスターと話をしながら寿司をつまむ、という些細な贅沢に幸せを感じる日々であった。そしてその頃私のお腹の中には息子が宿っていた。

ドイツ移住

息子が生まれ、私は育児に忙しくなった。その頃、順調に見えた仕事にも影がさしてきたのである。バブルが崩壊したからだった。それまでいわゆる殿様営業をしていた仕事が滞り、会社経営も難しくなってきた矢先に、夫はドイツに帰ると言い出した。えぇー！　せっかく日本の永住権をとったばかりなのに。私の頭の中では、私なりの家族の青写真があった。私の父所有の敷地に二世帯住宅を建て、跡取り娘の私は将来親の面倒をみるという構想だ。それがバブル崩壊で崩れてしまった。しかし彼はそれまで稼いだお金のほとんどをつぎ込んで二世帯住宅を建ててくれた。そしてまだ二年しか住んでいない新居を後にして夫は息子を連れて日本を去ったのである。

ドイツ移住を渋っていた私だが、親子が離れて暮らすのは子どもたちには良くない、と思い直し、新居で生まれた娘を連れて夫と息子を追うようにドイツのハンブルグへ引っ越したのだった。息子が八歳、娘は二歳であった。

カルチャーショック

ドイツには以前住んだこともあり、生活にさほど違和感はなかった。しかし、子どもたちが通ったシュタイナー学校には驚きの連続であった。

シュタイナー学校とは、ルドルフ・シュタイナーが提唱した自由で個性を尊重するという構想でカリキュラムが作られている認可された私立学校である。その教育課程が私にはカルチャーショックであった。八年生まではクラス替えがなく、担任も変わらず主要科目は担任が教える。教科書がなく、先生が黒板に書いたものを書き写したノートが自分の教科書となる。テストや宿題もない。通信簿は数字での評価はなく先生が各児童の評価を書いてくれる。また学年ごとのクラス劇があり、その練習に多くの時間が費やされる。モノづくりを重視し、工作や裁縫が授業に取り入れられ、有機農家で数日間泊まりがけの作業をする体験学習もある。幼稚園では木の玩具が主流である。また公立学校と違う教育課程に、「オイリュトミー」という舞踏で言葉を表現する芸術がある。薄い布をまとって踊るのだが、私にはなかなか理解しがたい教科であった。

ドイツ国内にはシュタイナー学校（ヴァルドルフシューレ）が数多くある。息子はハンブルグのシュタイナー学校の三年生に編入した。

息子は日本で生まれたが、日本ではインターナショナルスクールに通っていた。学校では英語、家庭では私とは日本語を使い、父親はドイツ人だが息子とは英語でドイツ語を使う時はなかった。ドイツ語を全く知らない息子が小学生から落第があるドイツの公立学校で苦労するのを心配して、夫がプレッシャーの少ないシュタイナー学校を選んだのだった。私はそれまでシュタイナー学校がどんな学校か何も知らず、夫に全てお任せの状態であった。

息子が編入したハンブルグのシュタイナー学校は結構評判が良かった。担任の男性教員も優しく、息子はストレスなく馴染んでいたようだった。

引っ越し

ハンブルグは北海に流れるエルベ川を中心に大型貨物船が行きかう港街として昔から栄えた大都会である。街の中心には人工のアルスター湖があり、人々の憩いの場所となっている。街中に運河が張り巡らされて、水が豊かなハンブルグを私は気に入っていた。しかし二人の子どもには庭付きの広々とした家が良いと夫が言い出し、私たちの家探しがはじまった。日本でもそうであるが、都会は高い。私たちの家探しは郊外へと変わっていき、ハンブルグから五〇キロ北に位置するイッツアホーという町で広い庭付きの家を見つけることができた。しかしやはり探すポイントは、シュタイナー学校があるということが最優先であった。

そしてイッツアホーのシュタイナー学校に子どもたちは通いはじめた。娘は四歳だったのでシュタイナー幼稚園に入園した。

シュタイナー学校では親の出番も多い。公立学校は土曜日は休みだが、シュタイナー学校では、土曜日に季節のお祭りなどが頻繁に開催され、親は手造りの人形やらケーキやらを準備して販売もする。そのため、子どもたちを土曜日に授業がある日本の補習校に通わせることができなかった。

補習校は現地校に通う子どものために日本人学校が特別に土曜日に授業を行う学校である。習う内容は日本の学校と同じなので、宿題も多く子どもは大変である。熱心な親は遠くから車で子どもを送迎し、家では一緒に宿題をみてあげる。しかし途中で挫折して辞めていく子どもも多い。

補習校は海外での日本語習得には最適な方法なので、今思えば自分の子どもたちを通わせなかったことを後悔している。言い訳になるが、当時は二人の子どもを二つの学校に通わせるエネルギーが私にはなかった。

転校

シュタイナー学校の教育方針は情操教育を重視し、低学年の時には最適であると思う。しかし高学年になると公立学校と比べて進度が遅く、まだこんなことも習っていない⁉と心配になってくることも多かった。日本領事館で日本の小中学校の教科書が無償でもらえるので、数学など家で私が教えたこともあった。ドイツで大学に進学するには、高校の卒業試験（アビトゥア）に受からなければならない。シュタイナー学校では、アビトゥアを受けたい生徒は、一三年生になると今までの遅れを取り戻すかのように、詰込み学習をする。私はそれをさせたくなかったので、息子と娘は公立学校に転校することにしたのである。

ドイツでの離婚とその条件

夫との子育てのズレ、そしてその他のもろもろの波長が合わなくなり、結局二五年の婚姻生活に終止符を打つことになってしまった。

今まで生活全般を夫に任せきりの状態だった私は、夫と別れることに大きな不安があった。しかし、息が詰まりそうな状態はお互いが感じていたことで、修復の余地がないように思えた。ドイツでの離婚は日本の離婚と比べると法律的に面倒である。

ドイツの離婚は裁判所で決定される。まず裁判所に離婚申請をし、別居期間を設けなければならない。同じ屋根の下でも、生計を別にし、生活を別にする。私たちはその間に家庭相談所のようなところに通い、修復の糸口を探ったが、お互いが感情的になり話し合いは徒労に終わってしまった。結局弁護士を交えて離婚後の約束事を決めていった。

同じ屋根の下での別居生活は、子どもたちには最悪であった。いつもの日常から色が消えて、家庭内の空気は冷え切り重苦しい。子どもたちに対する申し訳ない気持ちは、今も私の最大の自責の念である。

親権について

夫は私に対しては他人であるが、幸いなことに子どもたちに対しては父親の役から逃げなかった。

ドイツは離婚しても両親に親権がある。子どもにとっては親であるから当然だと思う。そして責任も求められる。子どもの進路や行動についての決定には、両親の許可が必要となる。これは片親が同意しなかったり、行方不明の場合は難しい。

離婚時の約束事として子どもの面会がある。両親が離婚した娘の親友は毎週末父親宅に泊まることにし、父親との関係も良い。私の場合は、住んでいた家を売ってそれぞれアパートを借り、息子は父親と、娘とネコは私と住むことになった。

他にも離婚時の約束事として養育費と年金がある。養育費は子どもと同居していない親が負担する義務であり、収入のない配偶者は扶養費用を要求する権利があり、それは再婚するまで続く。また年金はそれぞれ将来受給する年金の少ない方が、相手の年金から差額分をもらうことが決められている。このようなことを離婚時に決めて裁判所で承認されれば離婚が決定される。不服があれば、弁護士を介して裁判で争うことになるが、私たちの場合は、少なくとも私はもうどうでも良い、という感覚に陥り、裁判官の「これで良いですね」という言葉にうなずくことしかできなかった。

日本の離婚とは大違いである。ドイツでは結婚せず同居を続けるカップルが多いのも、このように離婚後の負担が大きいこともあるのではないか、と私は思っている。

離婚後そして今思うこと

私たちは離婚後も住まいは違うが同じ町に住んだので、子どもたちは気軽に両親宅へ行き来していた。私は今まで夫任せにしていたことを一人で対処しなければならず大変であったが、改めてドイツ社会を理解することができたように思う。そして日本人のいない小さな町でも、子どもの友だちの親や、地元のカルチャースクールで日本語を教えた生徒や、趣味の社交ダンスの友だちなどとの交流を通して、私のドイツでの生活は心がくじけることなくそれなりに充実することができた。そして日本への帰国後も交流は途切れることなく、私の心の宝になっている。

しかし今思うと、もう少し寛容にお互いを受け入れ、感情的にならずもっと深く話し合ったら良かったなと思う。私たち家族のために。

夫との二人三脚

国際花子（フランス）

子ども出生

長男は日本の国籍法改正以前に生まれたので、出生時にはフランス国籍しかなく出生届はフランス大使館のみに提出。その後一九八五年施行の国籍法の改正で日本国籍を取得した。法改正後に生まれた長女は、出生時から日仏両方の国籍を持っていたので、出生届はまず日本人として近くの区役所出張所に届けた。同じ両親から生まれた子どもの国籍が国の法律で、こうも変わるものかと思わずにいられなかった。

最初は日本の保育園で日本語中心の生活だったが、夫のフランス帰国が決まり、長男が三歳、長女が六か月の時フランスへ引っ越しした。フランス人学校の幼稚園部に入れた。一日目は環境の変化に驚いたのか、帰り道に家まで泣き通しだった。それでも少し経つと慣れ、楽しそうに通うようになった。私も日仏家族の日本人のお母さんたちと交流を持つようになった。

フランス滞在許可証申請

申請には犯罪歴がないという証明書が必要なため、警視庁で一〇本の指の指紋を取られた。外国人の指紋押捺の反対運動をした私がフランス政府から要請された書類のために指紋を取られるとは皮肉なことだ。フランスに到着して、滞在許可証の申請のための書類を提出した。八時四五分に開く県庁の出張所に朝六時半頃から外で並んだ。外国人課の部屋もとても小さい部屋で、椅子が少なく立って待っていなければならなかった。日本の区役所の外国人登録課のほうが、待遇がずっと良いと思った。その後一〇年ごとに滞在許可証を更新した。三回目の更新はインターネットで予約を取ることができ、かなり楽になった上に、部屋も大きい部屋で椅子に腰かけて待つことができたが、はじめてフランスでも一〇本の指の指紋を取られた。

日常生活をはじめて

夫は来日前に働いていた仕事に戻れることになっていた。私たちが落ち着いたのはパリ郊外の団地だった。アパートは四階（日本式でいうと五階）でエレベーターがなかったが帰国しても住居と仕事があったということは生活をはじめる上でとても心強かった。ただ帰国後最初はフランスの変わりように夫は精神的にまいってしまい、仕事から帰ってきても横になっていることが多くとても心配した。私の最初の試練は入園第一日目に息子が熱を出したことだった。医者に行くとき私はフランス語に不安があり息子以上に緊張していた。その時、医者が私を見てとても嫌な顔をしたことが忘れられないが、私がある程度フランス語ができるのを確認してほっとした表情を見せた。

団地内の人と早く友人関係を作らなければと積極的にいろいろな人種の誰とでも話すように努力し、子どもたちも一緒に遊ぶようになった。ある母親からおやつ会に呼ばれた。いろいろな人種の母親たちが一緒に来ていたが、おやつを食べる時になって主催したお母さんが子どもの名前を呼んだ時、私の子どもたちだけ呼ばれなかった。私は「うちの子ども忘れられた」と笑ってその場をつくろったが、その場の気まずい空気を感じ、とてもショックだった。彼女自身いつも「差別は良くない」と言っていたのに。

そのうちに私は大学院に戻ったこともありママ友だちとの近所づきあいは終わった。博士論文を書き終え、ある大学に正式採用され日本語や日本文化を教えた。大学での教鞭は定年を少し延長したが義父の世話や娘の妊娠などを機に退職した。夫は私の仕事への送り迎えもしてくれお弁当を作ってくれた。本当に感謝している。

義父母との関係

義父母はパリから南へ六〇〇キロぐらい下った人口八〇〇〇人余りの村の家に住んでいた。初めて行ったのは一九七八年だった。初めて親戚に紹介された時「髪の毛の色が違うね」と言われ触られたことを覚えている。また決して私を一人で外に出してはくれなかった。村の人に悪い評判を立てられると困るからという理由で。確かにどこへ行ってもじろじろ見られるのには閉口した。

義父は夫の実の父親だが、義母は後妻で（義母曰く）主人のために敢えて子どもは作らなかったそうだ。私は、子どもを作る作らないは個人の自由であり、いろいろ事情もあると思うので、子どもの有無に関しては絶対言及しないと自分で決めていた。しかし、何かあるごとに義母から「花子は私が子どもを産んだことがないから何も知らないと思っているでしょう。だから何も言いません」と言われ、義父が「そんなこと気にせずに何でも花子に言うべきだ」という繰り返しだった。子どものことで、衝突し夫が怒ってしまい、急遽彼の友人宅に泊まったこともある。私にとって心強かったのは夫が必ず味方になってくれたことだった。子どもたちと日本語で話していると、義母には「子どもともフランス語で話せ。私たちの前で私たちのわからない言語で話すのは失礼だ」と言われた。

彼らの家で冬休みを過ごして帰る予定日の朝息子が発熱した時のことだ。小雪もちらつきはじめたため、義母に最低もう一日滞在させてくれるように頼んだのだが、「今日帰る予定だったのだから帰って。あなたたちの世話でこっちはくたくただから……」とすごい剣幕。ここでも夫が怒ってしまい、帰ることになった。長い車での旅だったが、案の定、家に着いたら息子は三九度、そして夫までも三八度五分の熱があった。医者の往診や薬を買いに行ったりしていて義母たちに電話するのを忘れていた。向こうからかかってきて開口いちばん「心配したのにどうして電話してこなかった」と言われたので、まず電話しなかったことを詫び「息子も主人も熱を出して……」と話したが私たちのことを心配する代わりに「私もあなたたちに休みの間いられて疲労困憊……」と愚痴られたのには閉口した。

また子どもたちを夏休みの間日本の小学校に体験入学させた時に、「フランスの学校と日本の学校とどちらが良いか」と質問していたのには驚いた。私は「文化が違うのだから二つの国を比べることだけはすべきではない」と思っていたのに、孫に嫁の国と自分の国を比較させるなんて。孫たちからの「日本のほうがずっと良い」という返事は、義母が期待したであろう返事と反対だった。そのため、「あなたが変な先入観を入れている」と私が非難された。また彼女は熱心なカトリック信者だったので、子どもたちに洗礼を受けさせろとしつこく言っていたが、私は「宗教は個人の自由で決めるもので、何もわからない子どもたちに親が強制することに反対だ。子どもたちが大きくなってから自分たちで決めれば良い」と反対し続けた。週一回の電話も、（自分たちは定年退職して時間があるから、かけてくれれば良いのに）必ず夫が電話しなければならない。いくら夫が忙しくても忘れると怒られて大変だった。このように、義母とはあまりうまくいかなかったが、いろいろ協力はした。村祭りにも参加し、祭りで自転車の飾りつけ品評会があった時は折り紙で鶴や花などを折って飾り入賞し、義母が喜んでくれた時はホッとした。

実母との同居

母をフランスに呼び息子の中学入学まで同居した。子どもたちも私の母にとてもなついていたし、日本語で話さなければならないので、子どもたちの日本語はみるみる上達していった。母も滞仏中、市主催のフランス語講座に通ったり美術館を見学したり、観光も楽しんでいたようだ。黙って母を受け入れてくれた夫に頭が上がらない。夫と私の母は言葉の壁はあるものの、とても良い関係にあった。母が日本で入院した時も夫は絵葉書を母に送ってくれていた。私はそのことを一人で母の看病に帰ったとき知ったが、夫の優しい心遣いに涙が止まらなかった。母の死は突然やってきた。猛暑のフランスでの夏休みを一緒に過ごし空港まで送って行ったのが母を見た最後だった。その秋に母の最期を告げる電話を受け翌日飛行機に乗った。飛行機が一三時間遅れたが、どうにか葬式に出席することができた。この時ほど二国間の遠さを恨んだことはない。

日本文化、日本語の継承

母が送ってくれた日本の幼児用雑誌を読んだり付録を一緒に作ったり、日本の絵本を読み聞かせたり、童謡もよく歌った。来仏一年後に日仏家族の会に入会し、新年会、お花見、運動会、日本語での遊びに参加した。新年会では子どもたちがグループごとに練習した演劇、歌、ダンスなどを披露した。

お花見はパリ郊外で行われたが、お弁当を食べたり日本酒を飲んだことなどが楽しい思い出だ。運動会もラジオ体操にはじまり日本の運動会と同じ出し物を準備した。これらの活動を通しての交流は日本語で思う存分できる楽しいおしゃべり、情報交換や悩みを相談できる貴重な時間だった。

家では日本の年中行事も祝い和食もできる限り作った。料理で思い出すのは餃子だ。パリの日本食専門店に行けば冷凍の餃子の皮があったが、私は中国人用のスーパーマーケットで買い物をしていた。そこで買った中国産の四角い皮で作った餃子は、半月形ではなく三角だった。そのため、日本食レストランに初めて行った時、子どもたちは日本の本当の餃子の形を知って驚いていた。

子どもたちに日本語を習わせたくてパリの中学校に越境入学させた。私が送り迎えをする覚悟でいたので、運転免許を取り仕事の時間も調節した。越境が認められ長男は日本語を第二外国語として勉強しはじめた。幸い母の同居でかなり日本語の会話ができたので苦労せずにすんだ。長女も越境させたが、彼女の越境には苦労した。小学校の校長が替わっていろいろもめて越境できなくなるのではと心配し、かなり参っていた私は一日中部屋にこもって泣いたこともあった。そんなとき息子に「フランスはママの国じゃないから嫌なことがたくさんあるのはわかるよ。僕は妹とパパとここにいるからママ日本に帰っても良いよ」と言われて、「どんなことがあってもフランスで頑張ろう」と決意を新たにした。彼が家族の絵を描いたことがあるのだが、左手を腰にあてて右手の拳を挙げていちばん前を歩いているのは私だった。そのあとに夫、私の母、子どもたちと続いていて、その絵を見た時に思わず苦笑したのを覚えている。私の頑張っている姿が長男にはそう映ったようだ。もめにもめたが、どうにか娘も越境させることができた。その学校は中学高校と一貫しており、交流校もあり息子はイギリス、娘は日本の学校から生徒を交換留学生として受け入れ、私の子どもたちも交流校にも行った。

高等学校修了後バカロレアを受け、日本式の卒業式も行われ娘は母が作ってくれた晴れ着を着て参加した。

息子はブリュッセルで下宿生活をしながら美術系の大学に進学し、卒業後日本と貿易関係がある会社に入社した。娘は大学で日本語専攻後、貿易関係学部のアジア部門の修士課程を卒業したが、在学中日本で研修をした。進路に関しては口出ししなかったが、二人とも自然に日本関係の分野に進んだことはうれしい限りだ。

義父の最期

義母は九三歳で他界した。義母の死後老いた義父の世話が問題だった。義父は家で暮らしたいという希望だったのでヘルパーを雇った。私も休みのたびに仕事持参で義父の家へ行き私が食事の支度や世話、家事一切をしたが一緒にいて彼がどのように老いていくのかがわかった。九九歳のとき心臓にペースメーカー埋め込みの手術をした時も入院中ずっと付き添っていた。家でも、夜中に物音がするので見に行ったところ義父が血まみれになって倒れていて救急車で病院に運ばれたこともあった。また朝倒れている義父を見つけたヘルパーが救急車を呼んでくれた時も何回かあったが、そのたびにパリ郊外の自宅から病院まで義父を迎えに六〇〇キロ車を飛ばして行った。こんなことを何年か繰り返したが、病院の判断で、義父は一人暮らしは無理なので数週間病院で預かってくれ、その後老人ホームに入居させた。義父のためにはホームのほうが良いのではと思っていたが、入居当日に別れる時、「一人にしないでくれ、見捨てないでくれ」と言われてつらかった。ある日ホームから義父が危篤と連絡があり面会に行ったがもう意識がなかった。その時は「明日また来るから」と言い義父の家に帰ってきた。その直後のホームからの電話で、義父の死を告げられた。一〇三歳だった。簡素だったが葬式を出し、その様子も写真に撮って子どもたちに送ることができた。

そして今

子どもたちも家庭を築き息子には二人の男の子、娘には女の子と男の子が一人ずついる。フランス国外に住んでいるので子どもの家族が近くにいない寂しさは隠し切れない（私がフランスへ引っ越した時も母はこの寂しさを味わったのかなと時々思う）が、ビデオ電話をするのが楽しみだ。しかし、三つの国に分かれて住んでいるので時差の関係で全員一緒の電話はとても難しい。二人とも配偶者と協力して子どもには日仏の言語文化を伝えようと頑張っている。

現在は趣味、クラブ活動などで毎日外に出ている。義父の遺言通り彼らの家は売らず夫と二人で住もうと片づけたり工事をしたり、村おこしのために行われている文化活動にも出かけて土地の生活に溶け込もうと努力もしている。

結婚後日本に八年こちらに三五年住んでいるが、配偶者が外国人の場合は自国を別の視点から客観的に見られ同じ国籍同士の結婚では見えないことも見えてくると思う。配偶者や親せきとうまくいかない時もあるが、それは国籍の違いよりもむしろ個々の人間としての違いからだと思っている。

国際家族と教育について

諏訪さおり（香港）

ニューヨークとロンドン、そして少し日本と香港

国際家族である我々の多くが直面する事柄の一つに、子どもの教育の問題があります。国籍を含め、バックグラウンドの違う両親を持ち、様々な国に住む我々の子どもたちの教育環境は、一人ひとり全く異なっているのではないでしょうか。

我が家は、私は日本、夫は香港出身で、義務教育はアジアで伝統的な教育を受けました。そして現在中学生になる息子は、ユニークな教育環境で育ってきていると思います。親子共々試行錯誤し、そして子どもの置かれた環境に戸惑いながらも感謝しつつ、ここまで何とかやってきました。今思えばかなり行き当たりばったりだったと思いますが、私たちの経験してきたこと、様々な教育制度に対する思いなどを共有させていただき、少しでも皆様のお役に立てればと思います。

モンテッソーリの教育はどんな感じ

我が家は現在ロンドンに住んでいますが、それ以前はニューヨークに長年住んでおり、夫と私はそれぞれ現地の金融、そしてコンサルティング事務所で働いていました。息子はニューヨークで生まれ

育ち、一〇歳でロンドンに移るまでは現地の学校に通っていました。二歳すぎまではフルタイムのナニーさんにお願いしていましたが、プリスクール（アメリカで幼稚園入学前の教育）からモンテッソーリの学校に通いました。親としてはそろそろ先生やクラスメイトと集団生活をはじめてほしかったからです。ナニーさんとののんびりした生活から一転、突然環境が変わったので親子共々最初のうちは慣れるのに精一杯でした。でも子どもは順応力があり、初めの頃は学校に送り届けるとメソメソしていたのが、一週間もしたら「バイバイ、ママ」と教室に入っていくようになりました。先生方のおかげもありますが、気の合うお友だちができたのが大きかったと思います。

モンテッソーリ教育は、整えられた環境の中で、子どもたちは自分が興味を持ったことに集中して取り組むことができ、先生の役割は子どもたちをサポートし見守ることです。そうすることで子どもの自主性、集中力、自己肯定感などが育つと言われています。しかし一般的な教育方法に比べて、体を動かしたり屋外で行うような活動は少なかったです。学校での子どもたちは皆お行儀が良く、おとなしい印象でした。異年齢保育のおかげで年が違う友だちとも交流できたので、全体的には良かったのかなと思っています。ただ、親が学校と関わる機会は限られていて、私自身モンテッソーリ教育についてしっかりと理解することができなかったのが残念です。

のんびりしていたマンハッタンの公立小学校

その後、息子は幼稚園から四年生まで現地の公立小学校に通いました。家から近い結構有名で人気のある学校だったのですが、入学前はその学校がプログレッシブ教育を取り入れていることまでは深く考えていませんでした。私も夫も小学校に関してはアジアでの伝統的な教育方法しか経験がなかったので、最初は戸惑いました。

プログレッシブ教育では学校が作った基本的な学習プランはありますが、そこから生徒が自主的に問いを立てて、グループワークやプロジェクト形式で積極的に学ぶという体験学習が重視されます。その背景には、人は自ら経験を重ねることによって学び、成長するという考え方があります。たとえば、理科のクラスではカタツムリの研究や鶏の卵を孵化させたり、社会のクラスではマンハッタンに元々いた原住民の調査をしたりしました。クラスでマフィンを焼いたりケールチップスを作ったりもしました。グループで行うプロジェクト、そして幼稚園から、クラスでのディスカッションやプレゼンテーションの機会が頻繁にありました。特に定期的にテストがあるわけでもなく、グレードレポート（成績評価レポート）にもはっきりとした成績はつきません。なので、親としては子どもがしっかり教科の内容を習得できているかどうか不安になることもありました。ただ、息子の学校は幼稚園の時からリーディングにはかなり力を入れており、息子も本好きだったのでそこは良かったのかなと思います。しかし算数に関しては、日本人の私から見たらこんなに簡単で大丈夫なの？　という感じだったので、とりあえず公文のドリルなどを家でしていました。息子のお友だちの殆どは幼稚園の時から家庭教師をつけたりしていましたが、私も夫もそこまでする必要はないと思っていたのです。ニューヨーク州では三年生から毎年行われる数学と国語のスタンダードテストがあるのですが、息子の学校は良い平均点をキープしていました。これが学校の教育のおかげなのか、それとも学校外で家庭教師をつけた成果なのかはわかりません。

息子の学校はマンハッタンの学校ということもあり、授業の一環でセントラルパーク、ブルックリンブリッジ、ハドソンリバーなどに行く機会が沢山あり、いろいろな経験ができた小学校時代でした。

親によるボランティアの機会も頻繁にあり、学校の様子がわかったのも良かったです。幼稚園に入学した後暫くして、私の友だちから、モンテッソーリに通っていた頃に比べて息子が活発になったねとよく言われました。やはり教育環境が子どもに与える影響は強いのだと実感させられました。

息子の通っていた小学校は、一般的にいう教育熱心で宿題やテストが頻繁にある学校ではありませんでした。しかし、自分自身の体験を通しての学び、グループプロジェクト、プレゼンテーションの経験など、将来的に役立つスキルを小さい時から学べたことは大きなプラスだったと思います。放課後に学校近くの公園でよく友だちと遊んだことも良い思い出になっているようです。小学校時代の友だちの数人とはロンドンに移ってからも連絡を取り合っており、今後大人になってからも何らかの形で繋がっていければ良いなと思っています。

国際バカロレアに入ってみた

息子が五年生になる時に、我が家はロンドンに引っ越しました。学校選びの際、私自身イギリスの教育システムがよく理解できていませんでした。取り敢えずインターナショナルスクールに入っておこうという安易な考えで、幾つかの学校を見学して、カリキュラムとレベル的に良さそうな学校を選びました。その時は、入った学校が国際バカロレア（International Baccalaureate［ＩＢ］）のみのプログラムだということはあまり考えておらず、ロンドンに行ってからイギリスで可能な教育システムをリサーチすれば良いか、くらいの気持ちだったのです。アメリカンスクールという選択肢もあったのですが、せっかくアメリカの外にいるのだからわざわざ行くことはないなという思いでした。

ＩＢ教育の目的は、国際的な視野を持った人物を育成することです。そのためには、多様な文化を理解し、自分と異なる考え方にも耳を傾け尊重できることが重要です。学校では生徒は知識を得るだけでなく、他の生徒とのディスカッションを通して意見交換し、自ら見つけ出した課題について調査、研究を行ったり、校外でのボランティア活動に専念します。様々な課題に関する学校内外でのプレゼンテーションの機会も頻繁にあります。これらの活動を通して、豊かな知識、探究心、思いやり、正義感、決断力などの資質を身につけることができます。IBプログラムは年齢に応じて分かれており、プライマリーイヤーズ（初等教育：三～一二歳）、ミドルイヤーズ（中等教育：一一～一六歳）、そしてディプロマ（一六～一九歳）となります。

晴れてIBスクールに入ったものの、また最初はわからないことだらけでした。何となくプログレッシブ教育に似た雰囲気はあるものの、私たち夫婦も息子も事前の勉強不足で、ただ飛び込んでいったという感じでした。五年生はまだプライマリーイヤーズなので、勉強内容は割と簡単で、宿題も少なく、ハッキリした成績はつきません。IB教育の初年度がミドルイヤーズ、又はディプロマプログラムでなくて本当に良かったと今更ながら思います。IBスクールに入った五年生の頃は、周りのクラスメイトや先生がよくしてくれたおかげで、割とスムーズに学校に馴染めました。国も学校もガラッと変わったことを考えれば息子もよく頑張ったと思います。学校ではスクールトリップ、裁判所や国会議事堂の見学、バイオリンのレッスン、年度末のグループ研究の発表など、クラスルームの勉強以外の学びの機会がたくさんありました。そしてやっと学校に慣れたと思ったら、すぐにミドルイヤーズに進級しました。

ミドルイヤーズから勉強が大変になると聞いていましたが、初めは勉強量、宿題共あまり多くはなく、少し拍子抜けしました。しかし進級したのがコロナ禍の最中だったので、六年生の間の殆どの授業はリモートのオンラインで行われ、クラスルームでの授業が好きなタイプの息子には合っていませんでした。更に六年生からは成績がつきますが、成績評価の基準もよく理解しておらず、親子共々本当に手探り状態でした。試験、レポートの内容も、単に事実を思い出すのではなく、より高いレベルで思考力を問われる課題なので、本当の理解力が求められます。八年生になる頃には、宿題、小テストと試験も多くなってきたのですが、私の方は、リマインドの声がけをしつつ必要な時は一緒に考えるというスタンスを取りはじめるようにしました。これは学校の方針でもある、学年が上がるにつれ生徒が自分でスケジュールを管理し、自発的に勉強するようになる習慣を身につけてほしかったからです。同じ学年の女子に比べて息子やその友だちはまだ子どもっぽかったのですが、この時期ぐらいから少しずつしっかりしてきました。現在九年生ですが、宿題も多くなり、テストやレポートも増えてきているので、自分でスケジュールを立て必要な勉強は自発的にする姿勢が更に大切になってきます。

息子、そして学校の生徒たちを見ていると、IB教育に向いている子どもというのがあるなと思います。将来国際社会で活躍したいという気持ちはもちろんですが、自分に自信があり自分で考えて行動できる、学習意欲が旺盛でとにかくやってみようという意欲がある、勉強以外

ロンドンのIBスクール

にも打ち込める何かがある、という子どもにはＩＢ教育はチャレンジングではありますが、有意義で実りのある学習環境だと思います。ＩＢ教育はホリスティックな教育（全体性を重視した教育）だとよく言われます。現在、世界は環境問題、経済格差の拡大、人権問題など、たくさんの問題が山積みです。自己と他者を繋ぎ、自分たちと世界を繋ぐホリスティックな教育は今後ますます重要になると言われています。最後の二年間のディプロマプログラムは特に高度で難しい内容となります。しかし将来どんな分野に進むとしても必要になる、世界に対する開かれた心、様々な状況下で知識を適用して深く考える力を身につけられることは息子にとって貴重な財産になるでしょう。

バイリンガル？　トライリンガル？　マルチリンガル？

今の時代、バイリンガルであることは珍しくなくなりました。ヨーロッパではモノリンガルを探す方が難しいでしょう。日本人家族でも海外に一定期間住んだ場合、子どもは現地の言語を習得するケースが多いと思います。国際家族の場合はどうでしょうか？　少なくとも住んでいる国の言語は母国語として習得するでしょう。しかし両親の言語をどの程度習得できるかはその家庭によって違ってきます。我が家はニューヨーク、ロンドンとずっと英語圏に住んでいます。夫は広東語が母国語で、英語と中国語（北京語）を話します。私は日本語が母国語で英語と、中級レベルのスペイン語、そして初級レベルのフランス語を話します。夫と私の母国語が違うため、家庭内の共通語は英語です。私は息子には日常会話程度の日本語を話しますが、夫は英語のみです。考えてみると、我が家は周りの国際家族の方々に比べて家庭内での言語習得にあまり力を入れてきていませんでした。夫が言語にそれほど興味がないということもありますが、私たちが怠惰だったのと、息子がニューヨークで育ち、外国語習得に重きを置くアメリカ人家庭が周りに少ない環境だったということもあるでしょう。もちろん中には必死でスペイン語や中国語を子どもに学ばせているご家族もいましたが、基本的には英語で事足りてしまうのがアメリカです。

家の中では言語習得に関してのんびりしていた我が家でしたが、息子はニューヨークで民間経営の日本語クラスに二年間、中国語（北京語）クラスに四年間通いました。

日本語は、夏休みの帰国時に、日本の幼稚園と小学校で短期間の体験入学が許可されたので、何も理解できなければ困ると思い、慌ててニューヨークにある週一回の放課後の日本語クラスに通わせました。体験入学は合計で夏休みに三回ほどさせていただいたので、その準備のためもあり日本語クラスは二年ほど続けました。クラスの生徒はほとんどが国際家族の似たようなバックグラウンドで、勉強量もあまり多くなく楽しく通えました。

中国語のクラスは、将来少しでも中国語が理解できれば息子の世界が広がるのではという親の思いからはじめさせました。クラスは週末三時間あり、クラスメイトは家庭で中国語を話す子がほとんどで、授業も読み書きが多かったため、息子にとっては少々大変だったようです。中国語を今はどこまで覚えているかわかりませんが、クラスで学んだことが無駄になったとは思いません。小さい頃に学んだ発音や言語の基本はいつか自発的に学びたいと思った時に必ず役立つはずです。たとえば、日本で体験入学させた時には、通い出したその日から少しずつ日本語で話すようになったので、日本語クラスで習ったことが少しは助けになったのだろうと思います。よって、中国語もいつかまた触れる機会がある時に、多少なりとも思い出せることを期待しています。

ロンドンではニューヨークと打って変わり、二～三か国語を普通に話す人々に囲まれています。息子の友だちもヨーロッパ出身の子が多く、ほとんどの子がバイリンガル以上です。また、現在の学校では外国語は必須科目で、息子はこれまでフランス語を選択してきましたが、来年はスペイン語を選択したいそうです。息子は小さい頃から二か国語以上の言語に少しでも接してきたせいか、外国語を学ぶのは苦にならないようです。

ＩＢ教育では複数の言語で学習を行うので、自分の言語、文化だけが特別なのではなく、数ある中の一つであると生徒たちは自然に理解します。更に、生徒も教師もそれぞれ違ったバックグラウンドを持っているのが当たり前の環境なので、様々な文化や考え方を柔軟に受け入れられている気がします。イギリスという場所柄、サマーキャンプやスクールトリップでヨーロッパに行く機会が多々あります。そのような機会に現地（スペイン、フランス、ベルギーなど）で生の言語に触れられるので、息子も良い刺激を受けているようです。

言語の習得はそれ自体がゴールではありません。言語はコミュニケーションのツールです。しかし言語を学び習得することで、自分の言いたいことが伝わらないことの辛さや大変さを理解できるようになります。また相手をより理解しようと真剣に聞く姿勢が生まれ、思いやりの心が生まれるのではないでしょうか。更に、幾つかの言語を話せれば、より多くの知識を得ることが可能になり、選択肢も広がります。今後、息子が幾つの言語を習得できるかわかりませんが、頑張りつつも楽しみながら学んでいってほしいです。

教育に対する思い

これまでニューヨーク、ロンドン、そして少しだけ日本で学年も教育の方針も違う学校に行く機会があり、全体的に見て息子にとって良い経験になっていると思います。国柄、学習環境、そして年齢などの影響もありますが、息子は今のＩＢスクールが今までの中でいちばん気に入っていると言います。親としては、これから益々複雑に、そしてグローバル化していく世界で生きていくための知識、思考力、行動力などを身につけてほしい、そして自分が興味のある分野を思う存分勉強し、そこで得た知識を自分のためだけでなく、より良い世界を築くために使ってほしいと思います。更に、国際結婚の家族であるが故に経験してきた様々な事柄も、彼が将来社会に貢献していく上で役立つことを切に願います。

第四章　シニアライフの迎え方

外国に移住して半世紀を過ごした方の振り返りとこれから、国を跨いでの老後の不安、外国人夫を亡くした後の手続きや相続についてなど、国際結婚における老後について様々な体験を七人の方々から寄せていただきました。

日系コミュニティとの繋がりを求めて

中村悦子（オランダ）

「あかんかったら、さっさと戻っといでや〜。次の人、探さんとあかんからね！」と、大阪伊丹空港で大きく手をふる母に見送られて四〇年前の一九八三年四月一日にオランダで私を待つペイターのもとへ出発しました。

二〇二三年八月に結婚四〇周年を迎えて、私なりの国際結婚の雑感もオーバーラップしながら、愛する家族、良き友人・知人に恵まれながら歩んできた四〇年間を振り返りました。

オランダ・かもめの会と歩んだ四〇年

母から差し出された新聞の切り抜きで「国際結婚を考える会」があることを知り、日本にいる間にひょっとしたら、会員の中にオランダ人と結婚した方がいればと思って入会しましたが、関係国でオランダは、私一人だけでした。結局のところ、渡蘭まで半年もなかったため、オランダに関する情報は皆無に近い状況で日本を離れることになりました。海外会員となった私に、当時世話役をされていたTさんが、「ぜひオランダで仲間を増やしてくださいね！」とお声がけしてくださいました。この言葉を受けて、オランダ到着後にアムステルダム市内の日本食材店の掲示板に仲間作りの広告を掲示した結果、外国籍の配偶者を持つ三名の日本人女性（一人はオランダ人配偶者、もう一人はマレーシア人配偶者、そして私）が、「国際結婚を考える会・オランダ支部」という名称で発会する契機となりました。一九八三年一一月のことです。のちに「国際結婚を考える会」の海外グループ第一号の誕生となりました。

発会当時は、口コミと日本食材店の掲示板での広報が効果をあげ、徐々にメンバーが増え、国籍法改正となった一九八五年までには、会員は一〇名を超え、一九九〇年頃には三〇名を超えるほどのメンバーをもつ会に成長しました。発会メンバーの自宅を会合場所として利用したり、後には市内の公民館を無料で利用したりして会合を開いていました。

会合で話し合うことは、国籍法改正の情報収集、日本から送付される毎月の会報記事からトピックを拾い上げたり、日常の生活情報共有（日本食材店の話題、オランダ社会事情など）、子どもの言語教育、日本に一時帰国した会員による日本事情など会員が関心を持つ話題が主でした。私が関与した問題をもつ会員との解決策でいまでも記憶に残る二つの事件がありました。

一つは、オランダ人を配偶者にもつ日本人女性でオランダ入国後、滞在許可証を申請・取得することなく、一年が経過していることが判明し、彼女と一緒に外事警察（当時の名称で、オランダ移民局を意味する）に恐る恐る出向き、事情を説明したことです。違法滞在者として、強制退去とならないように、弁護士にも相談することをお薦めしました。結果的に、弁護士を通して、滞在許可手続きを行い、安心してオランダに滞在することになりました。

もう一つは、新国籍法が施行されて数年経過後、ある会員の知人（オランダ人と婚姻している日本人女性）より電話で、子どもが生まれたが、父親は、「自分の子どもはオランダ国籍だけあれば良い、日本国籍は必要ない」と主張している。母親は、自分の子どもには、日本国籍も持たせたいがどうしたら良いのかという相談を受けました。オランダ人配偶者にも電話に出てほしいと依頼しましたが、断られ、母親の日本人女性には、生まれながらにして日本の国籍を持たせることができる権利があるのに、それを親がはく奪するようなことは後々後悔することになるのでは？　とお伝えするのが精いっぱいでした。結局のところ、残念なことに、彼女の子どもは在オランダ日本国大使館に出生届を提出できなかったと聞きました。

オランダ・かもめの会は、二〇二三年に発会四〇周年を迎えました。記念行事として、配偶者の家族とともにオランダのライデン市に集まり、発会メンバーの一人、O・Mさんも参加されアットホームに祝いました。

https://sites.google.com/view/kamomenokai/home

「国際結婚を考える会」の海外グループの草分けとしてアムステルダムに発足した「かもめの会」40周年イベントの集いに参加した会員らと中村さんご夫妻、左手前から二人目と三人目

四〇年間のかもめの会を通じて想うことは、発会当時は、日本語を解しない配偶者がほとんどでしたが、近年では、日本で知り合ったりするケースが増え、日本語がわかる配偶

者が増えつつあることです。また、子どもの言語教育においても、土曜日の日本語補習授業校に通う子どもも増え、ファミリー参加形式の会合では、オランダ語だけでなく日本語も飛び交うことが多くなっていることです。もちろん、会員の重国籍への関心度も高く、子どもに限らず成人の重国籍問題の話題でオンライン会合を開くこともあります。

四〇年間に参与してきた団体活動への想い

オランダ・かもめの会のほかに発会のお手伝いをさせていただいた活動があります。発会支援活動に参加させていただくことで、多くのことを学びました。

●日蘭ネット（旧日蘭シルバーネット）https://www.nichiran-silvernet.site/

在蘭日本人専用の高齢者ケアサービス施設への関心が高まったことから、二〇〇三年二月に発足したオランダの日本人高齢者福祉を考える会です。

発足メンバーの一人として、会の広報手段を考えたり、会合のアレンジなども担当していました。発足に関与した動機は、高齢化する在留邦人のための日本人専用高齢者ケアサービスの設立の重要性だけでなく、日本人会という組織を持たないオランダでの邦人との横の繋がりを強化することの重要性を感じたからです。メンバーは、口コミ、ミニコミ誌などを通じて増加の一途です（二〇二三年現在の会員数は、一六七名）。

役員が実際に実行している会員への互助的サービスとして、お元気ですかコール（電話や訪問）、買い物届け、入院見舞い訪問、誕生日・お見舞いカードの送付のほかに希望者には、日本食の差し入れなどがあります。

現在は、会員の支援サービスなども展開し、会員有志によるフルサトハウス https://www.furusatohuis.nl/ というプロジェクトも立ち上がり、住戸とグループホームを中心とした日本の暮らしの文化も感じられるようなコミュニティを理想としています。

●（公財）在蘭邦人相談窓口　https://sites.google.com/view/jhelpdesk/home

二〇〇五年七月発足のオランダ在留邦人のための無料生活相談を実施しています。オランダにおける生活一般に関わる相談を電話、メール、対面で受け取り、無料奉仕で回答を相談者に提供しています。発足時より様々なスキルを持つボランティアに恵まれ、二〇一〇年より公益財団法人として承認・認可されているボランティア団体です。こんな問題、相談したいけれども言葉のギャップもあって、どこに相談すれば良いのかわからないといった問題解決への糸口となる回答を提供しています。現在活動中のボランティアメンバーは、八名です。

●欧州日本ネットワーク　https://enja.jimdosite.com/

デンマーク日本人会が二〇〇五年に日本ＥＵ市民交流年行事の一環として、開催した『ＥＵ圏内日本人組織間のネットワークを考える会』に参加した時から執行委員として現在も続けている活動です。

二年ごとに欧州内の邦人団体が大会を開催し、欧州各国の日本人会・団体を招き、テーマに沿った情報交換、抱える諸問題への解決策などを話し合う場を提供しています。近年は、在留邦人の高齢化問題や子どもたちの日本語継承教育に焦点があてられています。

オランダ・かもめの会にはじまり、様々な団体の発足に携わってきましたが、私が参与したいと思う根本的な姿勢は、オランダで生活する時に将来、情報共有、提供する必要性があると考えたグループの設立に携わりたかったことです。オランダには、日本人会という在留邦人のための組織がありません。オランダで新しく生活をはじめる際のサポートができるような環境を作っていくことが好ましいと思ったからです。

二〇一六年までフルタイムの仕事に従事しながら前述の活動に参加してきましたので、夜遅くまで文書作りに夜なべをすることもありました。でも、自分がやりたいことをしているので、辛いと思ったことはありませんでした。メンバーが増えたり、団体の基礎ができあがった時の達成感が大きなエネルギー源となって蓄積されていったのではないかと思います。

家族のこと

どんな国に住んでも、家族は大切な財産であり、人が生きていくうえでのサポーターでもあります。四〇年間に得た財産は、やはり家族との絆、分かち合うこと、理解し合うことです。二人の子どもたちに土曜日の日本語補習授業校に通わせたいと提案した際に、週末の子どもたちが遊ぶ時間を取り上げるなと、大反対だった夫も、補習校に通う時は、いつも一緒に連れ立っていく様子をうれしくみていました。「子どもたちが補習授業校が気に入って通ってくれるかどうかを見てみたい。可能性を与えてあげられるのは、親しかいないのだから。どうしても続けていくことが難しくなったら、その時に考えれば良い」という私の言い分を信じてくれたようでした。最終的には、長男は中学三年まで、長女は、中学一年まで補習授業校に通いました。子どもたちの日本語コミュニケーション能力は、補習授業校に通った年数とは決して比例するものではないかもしれませんが、少なくとも日本語スキルは、本人たちも私も満足度が高いといえるでしょう。また何よりも私の亡き両親が、孫たちとの対話を楽しめると喜んでくれたことで、ほんのささやかな親孝行になったのかもしれません。

二〇二三年八月に結婚四〇周年を家族と祝いました。家族との夕食会でおいしい食事をいただく前に、すっと立ち上がった長女がスピーチをはじめました。ここまで私たちを育ててくれたこと、人生のサポーターとして助言をしてくれたこと、と続き、「これからも私たちの見本になる夫婦で元気でいてほしい」と締めくくりました。感激のひとときに、ついつい涙腺が緩くなっているのを感じました……。

そして、これからのこと

かもめの会発会四〇周年、結婚して四〇年、そして「国際結婚を考える会」も四〇周年をすぎての二〇二三年、そんな四〇ずくめの今年もあと二か月ほどで終わろうとしています。

そうそう、もう一つ忘れそうな四〇がありました。夫は、来年二月で勤続年数四〇年を迎えます。二〇二五年九月には、彼も国民老齢年金ＡＯＷを受給します（現行の法律上、オランダでの受給年齢は六七歳です）。

アフターリタイアの過ごし方について、まだ具体的に話し合ってはいないものの、結婚四〇周年で訪れたチュニジアに心を奪われてしまいましたので、老後は暗くて寒いオランダの冬を逃れて冬の間は地中海沿いの国で生活できると良いね、といったことを話し合うようになりました。実現させたい夢です！　自宅から一〇キロ離れた職場へ自転車通勤している夫にとっては、現在は体調管理もできていますが、退職後は常に自転車などで身体を動かすことも重要なポイントとなってきます。

私は今後も既述のボランティア活動への参加も続けたいですが、オンラインでの会議もできる時代ですから、ネット環境さえ整うところであれば、活動への参加も問題なくできるだろうと思います。一つだけ問題になるかもしれないことは、体力的についていけるかどうかですが、ゆくゆくは若い世代へ役職をバトンタッチできるように徐々に時間をかけて準備すれば良いでしょう。

冒頭の母の言葉の裏には、たった一度しか会ったことのない人についていく私に不安な気持ちを隠せないわけはなく、だからこんな母らしい言葉で私を見送ったのだろうと気が付いたのは恥ずかしながら最近のことです。

なんとかなる、ではなく、「何とかする」という「根拠のない自信」が初めからあったのでしょう。この変な自信をもとに、様々な活動に参加しながら、家事、子育てをクリアしていく私をじっと見守り、時には良きアドバイザーとしてサポートしてくれる夫に深謝です。今後もどんな「自信台風」が吹くかもしれないですが、これからもよろしくね！

「素顔の国際結婚」その後の展開

シュトッカーかほる（スイス）

日本時代 vs. スイス時代

一万二、四三〇日。

これは父が自転車で村役場に届けに行った出生日から青春期を終えたわたしがジャンボジェットで伊丹空港を飛び立った日までの日数。

一万二、四五九日。

こちらはわたしがスイスに到着して区役所に転入登録した日から今日（二〇二三年五月二四日）までの日数。

なんとも驚き、すでに一か月近くもスイス暮らしの方が長くなっているではありませんか。いつまでも正真正銘の日本人のつもりなのに、これではちょっと怪しい気がしてきました。

このシーソーのバランスが逆転する日が今年来るのはわかっていました。おととし日本の年金を申請した時にスイスの役所から居住者証明を取り寄せる必要がありました。手書き時代の記録なんか出せるのか大いに疑いつつ、スイスに来て最初に住んだ町にオンラインで請求してみました。数日後届いたチューリッヒ市の紋章入りの麗々しい書類には「一九八九年四月一四日　日本から転入」と、本人でさえ記憶があいまいなシーソーの支点、「真ん中の日」がしっかり記録されていました。これからは自分史の中の日本時代が軽くなり、スイス時代が重くなっていくのです。一日一日わずかずつ傾いていくシーソーが心に浮かびます。そしてわたしがシーソーから転げ落ちる日は確実にやって来ます。普段は考えないその事実に思いが及ぶきっかけがこの頃とても多くなりました。

オリジナル版の『素顔の国際結婚』にわたしも数ページの文章で参加させていただきました。一九八六年の発行ということは、シーソーの支点に至る三年前、スイス人の夫と大阪の郊外で暮らして一〇年経ち、三〇を過ぎて生まれて初めて就職したばかりの頃でした。締めくくりのところで「金婚式の頃にはガイジンという言葉がすでに滅びて……」と書いてから今日までの間に三七年の時間が流れました。あのままならば今から三年後に迎えるはずだった金婚式も、ガイジンという言葉の滅亡も、経験することはないだろうと頭の隅で考えながら文字を並べていたあの時の葛藤をなつかしく思い出します。

「真ん中の日」はどうして来たか

そもそもなぜわたしは生まれ育った国を出てここに暮らしているのでしょう。記憶をたどると、『素顔の国際結婚』が発行された当時日本で居心地の悪い思いをしていた自分に行き当たります。正確には、これから先居心地が悪くなりそうだという予感にうんざりしていたと言うべきでしょうか。スイスの方が楽そうだという、ふとした思いつきで人生のリセットキーをポンと押してしまったような気がする一方、実はその思いつきに至る長い道のりがあったようにも思えるのです。国を出る何十年も前からわたしはその道をたどりはじめていたのかもしれません。

良い子、わるい子

わたしが暮らした昭和の日本では良い子であることが大切で、良い子でなければ生きにくい仕組みになっているようでした。良い子は優等生であり大人に気に入られます。良い子は学力上限の大学に行き、安定した職業に就き、ある年齢に達するまでにふさわしい相手と結婚し、子どもを二人くらい作って、いずれはマイホームに住むのです。良い子は目立つのが嫌で、仲間と組んで抗議なんかしません。しないといけないことを優先して自分のしたいことは後回しにしますが、そのうちに自分のしたいことが何だったか考えなくなります。

高校の修学旅行で九州に行った時わたしはまわりの同級生がみんな良い子なのに気付いてがく然としました。教室でも同じく良い子だったのでしょうが、二四時間行動を共にしてみるまで感知していなかったのです。渡されたプログラムに従い始終時計を気にしています。観光スポットでバスを降りて「ああこれが有名な石仏」と約束通りに感動したら、行きたくなくても列に並んでちゃんと用を足し、早めにバスに戻ります。広大な草原の緑に見とれてぼさっとしたり、お土産物屋の店員さんどうしの九州弁に聞きほれたり、勝手なことをしているのはわたしの他にはいないみたいなのです。歩調を乱さないことが第一課題。これって、旅に来て旅をせず、生まれ来て生きず……じゃないかとわたしは感じました。

「克己」ということばがわたしは嫌いです。その高校に限らず小中高を通して校長先生が壇上からみんなの頭上に振りかけるみそぎの水のようなことばでした。己を克服せよ、水は低きに流れるがそれではだめだ、怠け心を律して勤めにはげめ、などと解説する先生もいました。舌を出して聞いているのはわたしだけのようでしたが、自己の自然な流れを尊重せずして何が面白い人生なんでしょう。

わたしの通った高校は校区内の中学校から成績の上位者を集めたいわゆる進学校で、「未来の指導者を育成する」ことをモットーに掲げていました。この良い子たちがいずれ指導者になる社会って、わたしには生きにくいかもしれないという予測は大筋で外れていなかったと思います。

後年「国際結婚を考える会」に入会して世話人会に顔を出していた時、その場の一人がみんなの顔を見回して「わたしたちって、（本国での）落ちこぼれと（日本での）はねっ返りのカップルだよね」とコメントし、わたしは大きくうなずいたものです。「ああしろ」といわれれば「なんで」と口ごたえする顔ぶれが揃って、生きにくい世間を生きやすくする工夫をしていました。

離婚女

『素顔の国際結婚』が出版されてしばらく経ったある日、夫に「正しい伴侶を見つけたから家を出る」といい渡されました。そのうちに弁護士からわたしがどんなに間違った伴侶だったかをつづった書面がどさっと送られてきました。なるほどこれは悪妻とうなずけるようなことばかり。けれども読んでいるうちになんだかデジャヴュなのです。その昔彼と知り合ったばかりの頃、自分の母親がどんなに間違った母親だったかずらずら並べ立てるのをデートのたびに聞かされていたのにそっくりではないですか。今度はその正しい伴侶さんが聞き手になっているのでしょう。社交が苦手なのは母親のせい、心変わりは妻のせい、悪いのは絶対に自分以外の誰か。この確信は彼に限らず人間に共通の性《さが》らしいと悟りました。個体の存続を守る本能で、理屈抜きに自分はかわいいのです。ならば人類の天然自然に逆らっても無駄。「ごめん」のひとことは待っても無駄。もういいわ、勝手にしたらと吹っ切れました。

　さてこちらも勝手にするとして、これから一人で生きる道を思いやってみると不公平な状況が見えました。結婚という一応の約束を守れなかった男性には奥さんが入れ替わる他には何の変化も罰則も生じません。一方、意に反して一人になった女性の方はどうでしょう。三〇を超えた離婚女、しかも元夫はガイジン。たまたま恵まれた職場にいて経済的な自立は当面確保できているものの、高校時代からじわじわ感じはじめていたこの国の居心地の悪さがここにきて本格化しそうに思えました。

　わたしが『素顔の国際結婚』に作文を寄稿する前年に他界した母は、女学校で良妻賢母教育を受けた人でした。「離婚になるのは女が悪い」「女ががまんすれば離婚は避けられる」「女はがまんしてなんぼ」というのが彼女の信条。裏返して見れば、何が何でも離婚という事態を回避した自分へのほめ言葉だったのかもしれません。自分の幸せを犠牲にして子どもの将来や世間体を守ったという自負を持って母は逝ったのです。娘の離婚劇のとき彼女がすでに亡き人だったのは不幸中の幸いでしたが、世の中の指導者層はまだまだ母のような人で占められていると覚悟しなければなりません。たいがいの人にとって離婚女は明らかにがまんの足りない欠陥女なのです。

　職場にわたしにとても親しみを持ってくれている後輩がいました。ある日の帰り道、夫が家出したことを彼女に明かすと、目の前でわんわん泣き出してなだめるのに困ってしまいました。曰く、「なんでこんな良い人がそんな目に遭うの。そんなんやったら、わたし、これからどう生きたらええかわからへん……」。それほどまでのかいかぶりはありがたかったのですが、発想の原点にはやはり「夫に愛想をつかされる気の強い女」という図式があるのです。大正生まれの母の年代ではなく、大学を出たばかりの若い子にもちゃんとその図式が刷り込まれているのを認識して暗くなりました。

そんなある日、決定的な事件が起きました。大手の書籍販売チェーン店の人事部が全国の支店に差別的指示をファックスで流したのが外部に漏れて大きな波紋を呼んだのです。ずばり「離婚歴のある女性を採用するべからず」という指示で理由は「協調性に欠けるから」。びくびく予測していた病気を医者に宣告されたような気分でした。そして数日後にはジェトロ（日本貿易振興会）の大阪事務所に出向き、スイスに支所を持つ日本企業のリストをもらってきました。つまりわたしは、日本にいて逆流に立ち向かうより、多様な生き方が許されそうなスイスに逃げ出す選択をしたモラル難民です。

来てみてどうだった

生き方には正誤がないので、スイスに来たのが正解だったかと聞かれると答えに困ります。あのまま日本で暮らしてもそれなりに面白い人生があったかもしれません。それにしてもシーソーの支点を越えてからの展開はスリル満点の冒険でした。

思った通りこの国にはバツイチやバツニ、三〇過ぎても未婚の男女が当時の日本とは比較にならないほどたくさんいて、家庭を持つ人持たない人が普通に共存していました。そしてパートナー探しは物欲しげな、はしたない行為ではなく、堂々と旗を揚げ名を名乗ってはじめる一騎打ちです。春にスイスに到着し、秋には今の夫となる人に出会い、二年後には息子が生まれ、続いて娘ができて四人家族になりました。

「バツイチで国を出て一〇年。
雑音に聞こえた言葉で今は吾子を怒鳴る。

あんた　エライ。」

これは子育て時代に書いた自分への手紙で、日本一短い手紙コンテストに出して佳作の賞をもらいました。あれからまた二〇年が過ぎ、怒鳴られていた子どもたちはもう少しでわたしが日本を後にした「真ん中の日」の年齢に届きます。

終《つい》のミシン

いつからでしょう、大きな買い物をする時「これから何年使うかな」と考えるようになったのは。自動車の買い替えの時、夫が「これがぼくらの最後の車かな」とつぶやいてぎくっとしたのはすでに九年前。四年前に下の子が先に家を出て、二年前には三〇歳の誕生日を目前に息子もいよいよ家を出ることになりました。引っ越し先のアパートのカーテンを縫ってやっている最中にミシンが動かなくなって大ピンチ。そのミシンは一緒に暮らしだして初めてのわたしの誕生日に今の夫がサプライズでプレゼントしてくれたものでした。日本時代のミシンは他の思い出と一緒に捨ててきたので、そのミシンの登場はここでの暮らしがいよいよ根を張ったものになるシンボルのように感じました。さっそく箱から出して机に置き、手早く糸をかける様子を見てミシンのことなど何も知らない夫は「手品みたい」と感嘆の声を上げたものです。

あれから三十数年、緊急に新しいミシンを買って、古いのを捨て場に持って行く支度をしていると、このミシンで縫ったベビーベッドのカーテンや小さい布団カバー、カーニバルのインディアンの服やお姫様ドレス、穴のあいたズボンの膝当てや、あれやこれやが順々に浮かんでミシンに涙の粒がはらはら落ちました。この際だからと前のミシンより高性能なものを張り込んで買ったものの、このカーテンが完成したらもう子どものために縫ってやる物はないのかもしれないと思うと布を送る手に力がこもりました。かつて亡き母の手縫いのブラウスに涙していた自分に、いつの日かこのカーテンの縫い目を見て涙する息子の姿が重なって見える気がしました。以前の安物ではできなかったきれいな直線縫いができるミシンですが、同じくらい長く使うことはまずないでしょう。

父母を送る

義理母の癌の再発がわかりました。最初の時は一二年前、七七歳の時で、年の割には若々しい母を見た担当医が手術の意義ありと見立てて行った大手術の後、寛解していたのですが。

夫の父母は二人で足りない所を補い合って暮らす、分業夫婦でした。義父は料理掃除等の家事が一切できず、義母は電化製品やお金のことが全くわからない人です。お互いに相手に頼る暮らしなので、母の入院は父にとって大きな衝撃だったようです。大手術を受けた母より弱り、身だしなみを気遣う人がいないこともあって見た目にも劇的に老け込みました。母が退院してもとどおりの生活に復帰してからも、父は会うたびに数か月が数年のようなテンポで老いていくように見えました。それはまるで「残されたら大変だ」という思いが体に現れたような感じでした。そして五年後、入退院を繰り返す生活を半年送った後、おそらく本人の望みどおりに母より先に旅立ちました。おしまいの数か月はもうあれだけ帰りたがった家には帰れず終末介護施設で息を引き取りました。

確かに父一人が残るよりは自立した母の一人暮らしが、大家族だった頃から住み慣れたアパートで穏やかに続いていていました。孫やひ孫にも恵まれて、「生きるのは楽しい」とついこの間まではっきりいっていた母ですが、今回の手術では心も体もすっかり弱ってしまいました。前回と違って「早く家に帰ってお父さんのシャツにアイロンかけなくちゃ」という動機が今回の彼女にはないのです。来月の九〇歳の誕生日にどんなお祝いをしたものか、そもそもその日が迎えられるのか夫もわたしも心を痛めています。そしていよいよ「次は君たちの番だよ」と自覚をうながす天の声が耳を塞いでも聞こえてくるのです。

スイス人の終の住処

周りを見回した感じでは、体が弱って暮らしが成り立たなくなるぎりぎりの点に至るまで、手段を尽くして自宅に住み続けるのが普通のようです。その手段には段階があり、娘や息子が時々様子を見に行くだけで済まなくなると、シュピテックスという出張医療機関の人に定期的に来てもらう、シュピテックスの担当外の掃除や買い物などは生活支援の人に来てもらう、食事の宅配を受ける、などです。住み慣れた自宅の魅力は大きく、元気なうちから入居できるタイプの高齢者住宅に近年空室が増える傾向があるとか。スイス全国の住宅の三分の一は独居、その中には家族で暮らした大きな家にパートナーを亡くした高齢者が一人残っているケースが多いとも報道されています。確かにそういう老後の一人暮らしはあの人もこの人もという感じで身近にたくさん見られます。

他にも最近ニュースでよく取り上げられるのは、娘代理の斡旋会社。一人暮らしの難しくなった高齢者の家に住み込んで、ひと昔前の娘のように世話をする女性を、旧東欧圏から呼んで来て働かせるシステムがあるのです。養護老人ホームなどに入居させるよりは安くつくというのうたい文句ですが、それは不当に安い給料で住み込み介護する外国人労働者の搾取で成り立っていると非難されています。

けれども知り合いの中には実際に父親のためにそういう人を雇い、家で看取ってもらってとても良かったので心からの感謝を込めてお礼をはずんだという人もいます。介護が必要になった親を息子や娘が家に引き取って看取るというのは非常に稀なケースのようで、義理母の場合もその選択肢を検討する子どもは四人兄弟の中でだれもいません。

自立生活が困難になってから先のことは、はっきりいってお金次第。これまで小ぢんまりした長屋に住み、愛車は日本車、旅行以外の贅沢はしないで暮らしてきたのでわたしたちにはいくらかの貯えがあります。それが足りるかどうかは天に任せるしかありません。子どもたちが出て行って今は夫婦二人にちょうど良い大きさになったこの古巣が終の住処になるのが理想ですが、そんなにうまくぽっくりとは限らないので、散歩がてらに高齢者施設をのぞき込むこともあります。退職後はヒッピーに戻るのが夢だった夫と気の向くままに地球を歩いて六年が過ぎました。歩ける限り歩きまわって、さてその続きはどうなるか、来し方行く末のシーソーゲームの今後の展開やいかにというところです。

退職後はヒッピーに戻った夫（右）と、かほるさん

移住未満――日本と韓国の狭間で

佳田瑛子（大韓民国）

異国への第一歩

初めての「祖国」は異国だった。三〇歳にして初めて両親の生まれた国を訪れた時、どんなに感動することかとの期待に、胸ふくらませて飛行機を降りた。顔がこわばっていたと後で夫に言われた。ところがあにはからんや、何の感動も特別な思いもなかった。ひたすら日本人になろうと努めていた両親は、どちらも幼時に日本に来たので日本語が母語だった。周囲も日本人ばかりで、私の目には韓国も在日社会も映らなかった。そんな私がルーツに目覚め、同じ在日二世の夫と結婚したものの、感覚的には彼は一世で私は三世だった。それればかりか背負っている日本文化さえ東と西という違いがあった。そうした違いを克服できず離婚して、夫に求められる朝鮮の重さからも解放され、私はやっと朝鮮系日本人と自分を位置づけられるようになった。三〇代も終わろうとしていた。

そもそも私は韓国のパスポートを持ったことがない。「外国人」として「滞在」していた間も日本から出ない限りパスポートは不要だったし、韓国訪問時は既に「日本人」だったから、必要なのは日本のパスポートだった。そして期待や予想に反して、韓国で私は異邦人だった。

離婚して便宜上使っていた夫の姓を捨て、日本の戸籍名に戻った。戸籍上の名前と自分とが一致して、私のアイデンティティはようやく安定した。朝鮮はルーツでしかなく私は日本人であることが自然だった。

一方で娘は、父親だけでなくその文化とも切り離された。意図的にそうしたわけではない。伝えるべき朝鮮を私は持っていなかったのだ。私の姓になってからの友人と一緒の時に、以前の韓国名で呼びかけられてドキッとしたという娘の、その「ドキッ」に私はドキッとした。私はルーツを隠したり恥じたりするように育てた覚えはない。にもかかわらず日本人としての生活がそうさせるようになったのだろうか。

転機

そんな娘に転機をもたらしたのは父親、私にとっては元夫の死だった。それがはからずも私の転機にも繋がることになろうとは、その時には思いもしなかった。

娘が韓国に行きたいと言い出した時、いよいよルーツ探しがはじまったと、私は自分の来し方を振り返った。けれどまさか住みつくとは思わなかった。韓国に留学しても結局は帰ってくる在日の若者たちを何人か見てきて、ずっと住み続けられる筈がないとたかをくくっていた。何より日本の文化しか知らない私の育てた娘なのだ。納得したら帰って来るだろう。その見通しの甘さを思い知らされるのに長くはかからなかった。

私の思惑は見事に外れ、娘はあろうことか、韓国に住む韓国人を伴侶に選んだ。在日ではない韓国人に私との共通言語はなく、娘の通訳なしでは会話も成り立たない。それでも娘の里帰りの間があくにつれて、私が韓国に行くことが多くなった。観光などのビザなし入国で何度も往来した。それで不都合はなかったのに、ビザを取る気になったのは、突然の予期せぬ入院がきっかけだった。

独り身の現実

入院するにも保証人が必要だとはこの時に知った。保証人は患者の治療費から身元引き受けまで、要は病院に迷惑をかけないことを求められる。こんな重荷を家族以外の誰が負うだろう。洗濯物や着替えの世話を頼めるのも家族しかいない。近くに身内がいなければ入院もできないと知って、不安を感じていた矢先に移住の話が出た。親が入院してもすぐには駆けつけられない状況に直面して、娘がそばに来るようにと切り出したのだ。

娘の家を足場に私は長期滞在用のビザを取得した。それでもその時にはまだその地に住むのは半信半疑だった。パスポート上の国籍を抜きにしても私は外国人だった。言葉もわからなければ目にする風物も違う。度胸だけでどこにでも出かけられた頃の元気はもう残っていなかった。近隣の散歩ぐらいはできても、娘たちのサポートがなければ外出もままならず、自力では何もできない私は赤子同然だった。急に手足をもぎ取られたような気がして日本の自宅が恋しかった。

若い頃は漠然と外国暮らしに憧れたこともあった。住めば言葉は自然に覚えられると思い、実生活の困難さなど考えたこともなかった。それが単なる憧れの域を出ない間は良い。思わぬ病気で一か月に及ぶ入院生活を体験して、一人で暮らす限界を感じた時に、外国暮らしが現実のものとして迫ってきた。入院時の保証人ばかりか手術の際にも家族の立ち会いが必要とは、今度は怪我をして知らされた。平日の昼間に立ち会える身内がいなければ必要な手当ても受けられないことになる。手術後も利き腕を固定されての生活は不便この上なく、日々の買い物にも不自由した。一人暮らしの不安に拍車がかかる。

異国という壁

一人娘の他に子どもを持たぬ私の頼る先は韓国に住む娘のみだ。近くに肉親はいても頼れる状況ではない。初訪問で異国としか感じられなかった地でも、唯一頼れる娘がそこで暮らす以上、動きやすい私が行くしかない。けれどそれ以前から何度か往き来するうちに、言葉の壁の予想以上の厚さに突き当たっていた。暮らしの中で言葉を覚えるには生活者としてその地に根を下ろさなければならず、言葉は自然には身につかないのだと思い知らされていた。往ったり来たりの客人では多少覚えてもすぐ忘れてしまう。娘の居住地では、語学教室をはじめ移住外国人に手厚い生活支援があるらしく、私にもその無料教室の扉は開かれていた。しかしさびついた頭では、学習しても一向に身につかない。それに言葉の背後にはその国の文化や習慣がある。それらをひっくるめての言葉なのだ。漠然と憧れていた頃には想像できなかった生活の現実に直面する思いだった。

子どもが簡単にその地に馴染むように思われるのは、子ども集団の中でそうしたものを身につける機会があるからだ。子どもを介してのコミュニティもない隠居年齢では馴染む足掛かりもない。言葉は通じても、背景を知らずに誤解が生じることもあるのに、生活に必要な言葉だけ覚えれば何とかなるだろうと、その地に馴染む難しさには思い至らなかった。その前に生活に必要な最低限の言葉さえ、簡単に身につくものではないのだと、韓国との往来で痛感していた。会話の術がない所で新たな人間関係を築くのは至難のわざだ。言葉の習得は最も差し迫った課題なのに、そこで立ち往生していてどうして住めるだろう。そこに身を置くだけなら簡単だが住むとは生活全般を自力でまかなうことなのだ。そのためには言葉が必要不可欠で、その言葉を持たずに住むなら、他者に頼りっきりで暮らすしかない。それでは頼られるほうも負担だし頼る身も辛い。単純な憧れだけで住めるような生易しいものではなかったのだ。

物心両面にも壁

病後に身の振り方を考えるようになってから、老後を子どもに託して海を渡るドラマや実話に目がいくようになった。けれど現実味が乏しくてあまり参考にならない。病気時の診療費用や銀行口座、年金の受け取りなど、生活上の問題に触れていないのだ。実際的な面ばかりではない。精神的にも見ず知らずの土地に行く負担は大きい。一人暮らしに限界を感じて誘われるままに娘の許に身を寄せる。娘は確かに言葉や生活習慣のわからない母親を精一杯フォローするだろう。だがどんなに手厚く面倒をみて貰ってもそこでの生活に馴染めるだろうか。或いは現役世代の娘たちがどこまで親のために時間を割けるのか。多少の不便は我慢して子ども世代のできる範囲に任せるとしても、新しい環境に馴染むには身内以外に友人も必要だ。しかしコミュニケーション手段がなければそれも難しい。生活するうちに簡単な買い物ぐらいはできるようになっても、他者との関係を築くにはそれ以上の言葉が必要なのだ。

物理的な問題もある。年金の受取口座を海外の銀行にするのは、私の二種類の年金のうち一方は不可、他方では可能だが、高額な手数料などを考えるとあまり現実的ではないということがわかった。また国民年金に上乗せされる給付金は、海外に転出しては受け取れないと明記している。かくして移住計画は暗礁に乗り上げた。結局今の住まいの処分はできず住民票もなくせない。

完全移住の難しさを思い知るとともに、住み慣れた地を離れる精神的不安も無視できない。勿論ここに居ても不安はある。健康面ばかりでなく、ＩＴ化の著しい現代社会で、この先どこまで一人で暮らせるのか心もとない。けれどここでは必要なことは自分で尋ねられる。スマホ初心者にはメーカーが逐一サポートしてくれるから、ＩＴ化の波には乗れなくても溺れることはない。日常の買い物や加齢に伴う病院通いも、言葉の壁がなければ、不便ではあっても不自由ではない。入院や手術の際の立ち会い人や保証人を求められなければ、今まで通りの生活が自分らしくいられそうだ。

移住までの道程

問題は健康を損ねた時だ。救急車で運ばれたおかげですぐ入院となったが、普通は諸手続きを終えなければ入院できないらしい。それでもその日のうちに身内に連絡され、後日必要な手続きに来ると話がついていたそうだ。病院には一切迷惑をかけませんという一筆が必要だった。つまり入院費用の保証を求められたのだ。

一人では病院にも受け容れて貰えないのなら、頼れる家族や身内のない人はどうするのか。誰でもいつまでも健康ではいられない。古い機械同様にメンテナンスが必要になってくるし、動かない部分も増えてくる。利き腕の怪我では身の回りのことができなくなる疑似体験をした。一人暮らしの不安要素に突き動かされて、異国でしかなかった地に移り住むことがいよいよ現実的になってくる。けれど完全に移るわけにはいかないことも、やはり現実として見えてくる。

行っても難題の多い韓国での暮らしなのに、今の暮らしを仮住まいのように捉えていたことを反省した。

いつになるかわからない移住を前提とするのではなく、もう少し今の暮らしを大事にしようと思うようになった。中途半端な韓国暮らしと同じように中途半端に暮らしていては、生活も味気なくなってしまう。ひたすら働いていた頃は、潤いも何もない生活でも、我ながらよくやったと思えるぐらい頑張っていた。それなのに片足ずつのどちらつかずでは、頑張ることもできず充実感もない。娘に頼る生活も頑張る余地に乏しいが、自力で暮らすしかないここではそれなりに頑張れる。目一杯できることをして、本格的に介護が必要になった時に迎えにきて貰おうか。もっとも無一文で行くわけにはいかないから、わずかな年金でも受取用の口座は残さなければならない。ということは死ぬまで今の住まいも畳めない。結局ずっと二重生活するしかないのだろうか。

日本と韓国、どちらに住んでも問題多し

新たな問題

最近また難題が出てきた。日本人として生活している親兄弟にとって、ルーツにこだわった私の存在は微妙だった。そのせいかどちらからともなく一定の距離を置いていた。家族の生き方から食み出した私は当てにされない気楽な立場にいた。一人娘が異国に行ってしまった以上、いずれそこに行くものと見なされてもいる。それが心ならずも病気や怪我で面倒をかけて、老親の介護を目の当たりにすることになった。直接世話をしているわけではないものの、介護の苦労は傍目にもわかる。物理的な大変さに加えて精神的な負担も大きい。歳を重ねるごとに我が儘になる母の意に沿うのは難しい。母の不平不満は愚痴や毒舌となって周囲を疲れさせる。一世紀近くを生き抜いて、今やよれよれの母を見ていると、自力で生活できなくなる過程が手に取るようにわかり、遠からぬ自分の姿まで映し出される。自宅内の歩行もおぼつかなくなりながらも、母が行政の手を全く借りずに暮らせるのは、かしずく子どもたちがいるからだ。私と違い、何人もの子どもを育て上げた母には、それだけの介護人がいる。他人との関わりを嫌う母の介護は子どもたちが担うしかないが、一人や二人で担えるものではなく、複数なればこそ対処できている。日常生活での不満を誰彼なくぶつけ、体調不良を絶え間なく訴える母は、子どもたちも高齢者になっていることは念頭にないらしい。そんな母のかまってほしい気持ちも一方ではわかり、自身と重なってしまう。私も似たような状況になれば、唯一かまってくれそうな娘に、かまってコールを出し続けないとも限らない。たとえば娘の所に行って、言葉がわからず話し相手もいなければ、しかも身体も動かず連れ出して貰わなければどこにも行けず、食事も口に合わないものばかりとなったら、それでも愚痴らずにいられるだろうか。その場合の矛先は娘に向くしかないから、世話をしながら文句をいわれる辛い立場に、娘を追い込むことになる。そんな老害をまき散らさない自信はない。それを思うと娘を頼りに海を渡るという選択にも迷いが生じる。一人暮らしが難しくてもここで朽ちるべきかとも思えてくる。また元々、員数外とはいえ、手のかかる母の介護を投げ出すのもためらわれる。

国を跨ぐ生死

コロナ禍は国境を閉ざした。各国間の自由な往来はいつでも不自由に変わりうるものだったのだ。私自身の健康状態を考えても、いつまで往き来できるかわからない。想定外の骨折はほぼ完治したが、足の怪我なら歩行にも支障をきたしかねなかった。ここで動けなくなっても私の介護人はいない。娘が身柄を引き取りに来るにしても、日本に生活基盤を置いたまま韓国で死ねば、煩雑な後始末が残るだろう。私の介護も後事も「子どもたち」ならぬ一人娘に託される。国を跨いで死ぬのも一大事業だ。

両親の介護と看取り——アメリカ再入国・永住権での問題

グロスマン美子（アメリカ）

二〇二一年一〇月三一日に父が、二〇二二年五月五日に母が他界しました。アメリカのフィラデルフィア郊外に住む一人娘である私が、両親の相次ぐ他界に際してどのような経験をしたのかを国籍問題に絡めてお話しします。

渡米後毎年続けてきた一時帰国

日本の大学卒業後、留学生として四〇年前に渡米し、アメリカ人と結婚して三〇年になります。その間二人の息子にも恵まれ、子どもたちと、時には連れ合いも一緒に毎夏欠かさず一時帰国を繰り返して、できる限りの親孝行をしてきました。ですが、二〇二〇年の夏は、結婚後初めてアメリカで過ごしました。理由はもちろん新型コロナウイルスの流行です。両親とも実家から徒歩圏内の介護付き有料老人ホームで暮らしていたので、それほど心配はしていませんでしたが、高齢の両親に一年以上会えないのはやはり心穏やかではありませんでした。そんな中、二〇二一年の三月に父がステージ四のすい臓癌であることがわかり、依然として新型コロナウイルスは猛威を振るっていましたが、父の最期を一緒に過ごそうと覚悟を決めて、長期滞在になるであろう一時帰国の準備をしました。

米国再入国許可証の申請とコロナ禍ピークの日本帰国

私はアメリカの国籍を取らずに、今までずっとグリーンカードを一〇年ごとに更新してきました。その理由はもちろん日本政府が二重国籍を認めていないからです。両親を見送るまではいつでも帰国できるようにしておきたいと思い、日本国籍を保持してきました。

父の余命はわかっていましたが、果たしてその通りになるかどうかもわからないので、アメリカの再入国許可証を申請しました。グリーンカード保持者は一年以上アメリカから離れると永住権を放棄したとみなされるため、長期でアメリカを離れる可能性がある場合は再入国許可証を申請しなくてはなりません。とてもわかりにくいアメリカ政府のウェブサイトにイライラしながら連れ合いにも手伝ってもらい、申請費用五七五ドルと指紋採取費用と写真代八五ドル（まだ確実に指紋採取と写真撮影をしてくれるのかもわからないのに）の小切手を別々に書いて申込書を郵送しました。割とすぐに移民局から申請書を受理した旨メールがあり、日本出発直前に書面も郵便で受け取りました。その後は自分の申請の進捗状況を確認することができず（私がその方法を知らなかっただけかもしれませんが）、イライラしながら指紋採取と写真撮影の連絡を日本で待つことになりました。

慌ただしく再入国許可証の申し込みを済ませて四月末に出国しましたが、その頃はコロナのワクチン接種がようやく高齢者から順番に受けられるようになってきていた時期で、私も出国前に滑り込みで何とか一回目のワクチン接種を受けることができました。出発前のコロナ検査も受けなくてはならず、日本政府の指定する書式で検査結果を作成してくれる所を探して、自宅から往復一時間三〇分かけて国際線の出発七二時間前の検査も済ませました。出発前には日本政府が指定した位置情報確認のためのアプリ（ＣＯＣＯＡ）をスマホにインストールし、ＳＯＳというサイトにある数多くの質問にも答えたりと、日本への入国準備はコロナ前の何倍も面倒でした。フィラデルフィアからデトロイト経由の羽田便でしたが、飛行場と飛行機は今までに経験したことのないほど空いていました。デトロイトで日本行の飛行機に乗る際は、書類が不備で搭乗できなかった人もいて、何とも異様な雰囲気の中、自分も実際に搭乗するまでドキドキしていました。日本到着後は飛行場でスマホアプリの確認やコロナの検査など、二時間くらいかけていくつもの関門を潜り抜け、ようやく解放されました。ですが、公共交通機関は使えないため、予約したハイヤーで誰もいない実家に帰宅、二週間の自主隔離など、今から考えるととんでもないステップを踏んで、ようやく両親のいる施設の訪問ができました。しかし、施設内には立ち入り禁止、母は認知症で寝たきりなので顔を見られず、父とはガラス越しで対面という状況がしばらく続きました。

私は日本語補習校の教師をしていますが、この年はリモート授業だったため、日本滞在中は深夜の授業を毎週行いました。コロナ禍でなければ休職しなくてはならなかったので、これはコロナが幸いしたことの一つです。

指紋採取と写真撮影、そして父の最期

そうこうするうちに、六月の終わり頃アメリカの自宅に指紋採取と写真撮影の日程を知らせる手紙が届き、事態が一歩前進しました。どうしても都合が悪ければ日程変更もできますが、父の様子は落ち着いていたので、先方の指定した日に出向いた方が良いだろうと判断して、三〇万円で直行便の往

復エアチケットを買い、アメリカ入国のためのコロナ検査も済ませ、思い切って七月初旬に一〇日間アメリカに戻りました。指紋採取と写真撮影は無事に終わりましたが、いつ再入国許可証がもらえるのかは連絡待ちと言われ、受取先に指定していた東京のアメリカ大使館の受領状況確認ページというウェブサイトに自分の番号が載っているかどうか毎日アクセスしては、今日もなかったとがっかりする日々がはじまりました。

　夏に一年遅れで無観客の東京オリンピックが開催され、夏の終わり頃から感染者数が徐々に下火になり、両親のいる施設も予約をすれば面会室で一五分会うことができるようになりました。父の余命は限られているため施設も大目に見てくれて、両親の居室でならもう少し長くいさせてくれたので、毎日のように会いに行きました。父は高齢なので積極的な癌の治療はせずに自然に任せて過ごすことを選択し、徐々に衰えていきました。九月末には黄疸の症状が出たので、胆管にステントを入れるため数日入院した以外は病院で過ごすこともなく、一〇月三一日に九二歳一か月で希望通り施設で最期を迎えました。前の晩は私も居室に簡易ベッドを入れてもらい泊まり込み、一緒に過ごすことができました。もしも入院治療をしていれば病院での面会は叶わなかったので、父の選択は正しかったと思います。父が亡くなった頃は感染状況がかなり落ち着いていたので、家族葬で見送ることができたのもとても運が良かったで

ガラス越しの父との面会

す。

こうして父は逝きましたが、再入国許可証がもらえる見通しは依然立っておらず、母のことも心配なので、許可証がもらえるまで日本に留まろうと決め、相続の手続きや実家の片付けなどをしながら真夜中の授業を続け、許可証が届くのを今か今かと待っていました。四月にエアチケットを予約した際は、仮の帰国日を一〇月下旬としていましたが、一年以内なら航空会社に手数料を支払うだけで変更ができたので、延長できるぎりぎりの四月中旬の日付に変更しました。通常であれば運賃の差額も払わなくてはなりませんが、コロナ禍ということでそれは免除されていたため、ここでもコロナが幸いしました。

強制送還の可能性も

新しい年になり、父の納骨の日取りも三月初旬と決まっていましたが、私の再入国許可証はまだ届きません。毎日アメリカ大使館のサイトを確認していましたが、自分の番号よりも後の人が発給されていたり、そうかと思えば受け取るのを諦めたのか、ずーっと番号が載っているケースもあったりで、いったいどうなっているのかとヤキモキしながら自分がもらえる日を待つという日々を過ごしていました。もしも日本語学校が新年度から対面授業になった場合は、八か月も日本に滞在したのち再入国許可証なしにアメリカに入国というシナリオも想定して、アメリカにいる知り合いの弁護士に頼んで移民法専門の弁護士を紹介してもらいました。相談の結果アメリカ入国の際に移民局の係官に提示できるように、父の死亡診断書の英訳を翻訳会社に依頼し、日本語学校には、私が信頼のおける人物で長年勤めていることを理事長の名で書いてもらい、指紋採取と写真撮影は済ませて再入国許可証の発給待ちであることを伝える覚悟もしていました（最悪の場合、強制送還も頭をよぎりましたが……）。アメリカに住んでから、こんなに長く日本にいたことはいまだかつてありませんでした。

二月下旬に日本語学校が新年度は対面授業になることが決まり、いよいよもってアメリカ入国で移民局の係官とひと悶着ありうるかもしれないと覚悟して、エアチケットの日付を新学期直前に再度変更して、アメリカへの帰国準備をはじめました。

滑り込みセーフ

すると、なんとアメリカ大使館のウェブサイトに私の番号が載っているではありませんか。急遽許可証受領の予約を取り、帰国の前日に東京のアメリカ大使館まで出向き、ようやく二年間有効の再入国許可証をゲットすることができました。飛行場にはすでにスーツケースを宅配便で送っていたので、もしも許可証が受け取れなかったらどうしようなどと心配しながら受け取ったのを覚えています。これがあれば鬼に金棒、水戸黄門の印籠のように移民局の係官も文句なしに入国させてくれるはずです。心配性な私は、それでも実際にアメリカで入国が許可されるまでは不安で、アトランタの空港で入国審査の列に並ぶ間もドキドキしていました。

ですが、なんということでしょう。係官は日本のパスポートとグリーンカードを見て、指紋も採らずに"Welcome back."と言って笑顔で通してくれたのです。ネットで半年の国外滞在でも米国入国時に別室でいろいろと質問攻めにあった、というような体験談を目にしていたので、自分もきっとそうなるだろうと覚悟していたため、あまりの簡単さに拍子抜けしてしまい、今までの心配は何だったのだろうかとアホらしく思ったほどです。こうして、あんなに苦労して手にした再入国許可証も他の書類も見せることなく、私のアメリカ入国は終わりました。

すぐにまた日本へ

二〇二二年四月に日本語学校の新学期がはじまりしばらくすると、今度は母の具合がだんだんと悪くなっていき、残念なことに五月五日に父のもとへ旅立ちました。葬儀、老人ホーム退去、相続の手続きのために、前回からひと月ちょっとで再度日本へ行きました。「再入国許可証があればこんなに頻繁に行き来しても文句は言われないだろう」という自信もあって、次男の大学の卒業式に間に合せるために一〇日の滞在でアメリカに戻りました。ですが、この時も再入国許可証を見せることなくすんなりと入国が許可されたのです。その後、七月に母の納骨を予定していたので夏休みも一時帰国しましたが、この時もアメリカ入国では何も言われなかったため再入国許可証の出番はなく、ホッとした半面ちょっとがっかりもしました。

日米二つの国籍を持てたら

許可証の有効期限は二年（二回目の申請からは一年）ですが、きっとこのまま使うことなく期限切れになるのだろうと思っています。何のためにこんなに苦労をして再入国許可証を取ったのか、それは日本政府が二重国籍を認めていないからにほかなりません。もしも私が二重国籍だったら、日米間の行き来は何の心配もなくできるはずなのに、いまだに税金は払うが選挙権はないというとても不利なグリーンカードの永住権にとどまっているのは、今回のように親に何かあった場合、すぐに日本に行けないという事態を回避したかったからです。

長いアメリカ生活の中で、何度もアメリカ国籍を取りたいと思ったことはありました。特に、政府関係の仕事に応募しようかと考えていた時は、真剣に国籍を変えようかと思っていましたが、幸か不幸かその仕事に応募することはなかったので、今でも日本国籍を保持しています。その結果、多くの労力と費用をかけて再入国許可証を取得しなくてはなりませんでしたが、父が息を引き取る時にはそばにいることができました。もうすぐ今のグリーンカードの更新時期になりますが、きっと今回も更新してグリーンカードを持ち続けるだろうと思います。その理由は、この先のアメリカが住み続けたい国かどうか判断が難しくなることもありえるので、その場合連れ合いは二人で日本に住めるオプションを残しておいた方が良いという考えだからです。もしも私が二つの国籍を持つことができれば、こういった問題も回避できるのにとても残念に思います。

社会人の息子二人は生まれた時から二重国籍です。表向きはどちらかの国籍を選ぶことになっていますが、両方持ち続けていても特に問題はなく、一生二重国籍で過ごすことでしょう。なぜ生まれながらの二重国籍は黙認されるのに、自分の意思で他国の国籍を取得する場合は日本国籍を喪失させられるのか、納得がいきません。何を根拠に日本政府は国籍を一つに限ると定めているのでしょうか。ノーベル賞受賞者が外国籍を取得して日本国籍を失った人物の場合、日本人ではないのにあたかも日本人扱いするのはなぜでしょうか。その受賞者たちも、二重国籍が認められていれば日本国籍を失うことはなかったかもしれません。そうすれば堂々と日本人受賞者の数に含むことができます。アスリートのケースも然りです。

日本政府が二重国籍を認めていないがために、外国籍を取得して日本国籍を喪失した元日本国籍の方の中には、今回のように世界的なパンデミックが起こった時に、外国籍の人の入国が認められずに親の死に目に会えなかったケースも少なくないと聞いています。現在のように国際化が進み、国際結婚の数も増えている状況でも、自分の意思で他国の国籍を取得すると日本の国籍は自動喪失させられるという法律は見直されるべきではないでしょうか。近い将来、日本政府が二重国籍を認めるようになることを切に願います。

亡きアメリカ人夫の介護保険と相続

中村美佐保（アメリカ）

亡き夫はアメリカ人です。でも知り合ったのが日本だったので、アメリカに住んだことはありません。来日当時から、サラリーマンでしたので健康保険にも入っておりました。その後自営になり、国民健康保険になりました。そのうち、介護保険というものが整備され、支払い対象年齢に該当したので自動的に入ることになりました。当初はお金ばかり取られてと、腹立たしい思いもありましたが、実際に利用する立場になったらどんなに助かったかわかりませんでした。

糖尿病は病気のデパート

夫はかなり太り気味ではありましたが、私は特に気にせずにいました。ところが結婚して一〇年もたたないうちに歩くのが遅くなりました。駅まで一キロくらいのところに住んでいましたが、途中で休憩しないと歩けなくなり、その距離も少しずつ縮まってきました。

もしかしたらと近所の医者に連れて行きましたところ、糖尿病でした。そのとき血糖値が四〇〇くらいあったようで、のちにその医者から、検査センターから問い合せの電話があったということを聞きました。ところが、本人は治療を受ける気は全くなく、とりあえず毎月検査だけ受けたいと半年ほど通いました。当然、血糖値の改善などありえず、これでやっと専門医に行く気になったようです。

当時、東京女子医大に糖尿病センターというものができたという話を聞いていましたので、そこへの紹介状を書いてもらい、新宿区若松町の女子医大へ行きました。ところがセンターと名はついても専門医がたくさんいるわけではなく、待合室は立錐《りっすい》の余地がないというほど人があふれていました。散々待たされた挙句、当時のセンター長だった大森安江先生にお会いし、さっそく「教育入院」をといわれました。ところが院内には空きがなく、関連病院を紹介するということで一週間ばかり待たされ、荻窪にある病院に行くことになりました。

もっと早くから治療を開始すれば良かったのでしょうが、両親ともに糖尿病であり、白衣恐怖症の夫はなかなかそれを認めたくなかったのかもしれません。糖尿病患者のほとんどがなるという網膜症から、足の壊疽、歯周病など、病気のデパートのようになった体はとうとう脳梗塞を起こしてしまいました。一度目は気付くのが早くほぼ元通りで退院できましたが、足の小さな傷から壊疽を起こし、緊急入院となった時、点滴の最中にまた脳梗塞を起こしてしまいました。病院へ行ったとき看護師さんに呼ばれて「最悪の事態も考えておいてください」と言われて、病室に行くと、半開きになった口からよだれを垂らした夫がいました。

「こんなになっちゃった」というのを聞いた時、頭は真っ白になりました。脳梗塞は回数が増えるとどんどんひどくなるそうです。このままで帰ってこられたらどうしようと思いましたが、院内で起きたことと早めの治療で、それほど悪くはならなかったものの利き腕である左が不自由になってしまいました。でも、退院してパソコンをいじっているうちに、元通りとはいかないまでも左手は何とか箸が持てるくらいまで回復しました。仕事はできなくなりましたが、幸いにも六〇歳を過ぎていましたので、厚生年金が受け取れることになりました。

ところがその金額たるや、会社員だった期間が二〇年には少し足りませんでしたので、月三万円くらいでやっと食べていけるくらいしかもらえませんでした。私は当時パートで働いていましたが、まだ家のローンが残っていて私の稼いだお金はローン返済に使っていました。それ以外で出費がある時は私の通帳から支払い、この時は本当に大変でした。

入っておいてよかった、介護保険

糖尿病はまさしく病気のデパートです。血管がボロボロになって、あちこちトラブルを抱えたからです。病院へは一人では行かせられないので私もついていきますが、彼の休み休みの、のんびりペースでは私が疲れてしまい、車椅子がほしいと思いました。ところが、ひょっとしたことで介護保険が使えることがわかりました。普通、介護保険が使えるのは六五歳からですが、特定の病気（一〇くらいある中に脳梗塞も入っていた）のあった人は早めに使えることを知り、区役所で介護認定の手続きをしました。最初がどのくらいの評価だったのか忘れましたが、介護二くらいだったのだろうと思います。介護三からは文句なく車椅子が使えるのですが、介護二の場合は医師が認めれば使えるそうで、早速車椅子を借りることにしました。いちばん安いタイプで月三、〇〇〇円が自己負担一割の三〇〇円で借りられました。また、介護保険で、ショートステイも利用できるので、時々お世話になっていました。

ある時、雨降りで車で出かけた病院内の駐車場で転んだ夫は、何と大腿骨骨折をしてしまい、救急車で搬送されましたが、手術はすぐ行われず、三日ほど後になってしまいました。病院でも少しはリハビリが行われますが、夫はそれ以外はベッドから動かず、もうすぐ強制退院（？）の二か月が近づきました。手術後二か月以内なら、リハビリ病院に転院できるそうですが、ギリギリでなんとか見つかり、そこでもめいっぱい入院して、ほぼ三か月後に家に戻ってきました。

退院前には、介護保険で、門・玄関脇・玄関・居間・トイレに手すりを付け、介護用ベッド一式も借りました。家の中ではトイレへ行く時くらいしか動かず、病院へは車椅子ですから、ほぼ運動らしいことはしなかったので、とうとう腎臓も悪くなり、透析をしなければならなくなりました。

透析にはシャントという血管同士をくっつける手術が必要ですが、手術前の検査の結果、三本ある心臓の動脈のうち、一本は使えず一本はかろうじて通っているだけ、まともなのは一本しかないことがわかりました。使えるのがせめて二本はなければ透析はできないということで、血管にステントを入れる手術をした後、ようやくシャントの手術になりました。

手術をした病院へ通うのは大変なので、送迎付きの透析病院を探したところ近所にあり、うまく空きがあったので入れてもらいました。その後、夏場エアコンを入れていたのに熱中症になり、そのほぼ一か月後も熱中症で救急搬送。

透析は寝たまま行うため楽なように思いますが、先生によると、マラソンで全力疾走をしているくらい心臓は働くので、とても疲れるのだそうです。しかも彼の場合、血管は二本しか働いていません。退院に際して、病院がこのままでは家で看られないだろうと、透析で長期入院できるところを紹介してくれました。ところが紹介されたのは、埼玉県ふじみ野市。駅からは病院の送迎バスしかないところでした。しかも入れたのはメディカルホームで、病院の敷地内にあるいわばアパートのようなところ。どんな感じかというと、要介護者用のホテルというとわかりやすいかもしれません。透析をしている人は部屋代の割引があり、食事付きで月平均で一三万円くらい。透析がない人だと、部屋代が月三〇万円くらいかかってしまうらしいです。病院ではないので介護保険も使えます。そこで空いた時間にリハビリもお願いし、道路反対側の同経営者のリハビリ施設にも通っていました。

そこにほぼ一年住んでいましたが、特別養護施設の空きが出たとのことで、同経営者の特養に移ることになりました。ここは誰でも一人一部屋。その割に経費は安く、メディカルホームより一万円くらい少なくて済みましたが、介護施設なのでリハビリ施設の利用はできませんでした。メディカルホームにいる時は自分で車椅子に乗りトイレへも行けたのに、特養に半年しかいない間に体はすっかり弱り、二〇一九年の一〇月に突然亡くなってしまいました。

葬儀は東京でするつもりでしたが、結局施設に出入りしていた業者に頼み、埼玉で行うことにしました。ところがやっと取れた葬儀場は三日後で、しかも台風が日本に向けて迫って来るという最悪な日でした。生前から「僕には専用雲がある」なんて言っていた夫にはふさわしい感じもしましたが、最後は台風なんて、なんてお騒がせな人でしょう。

葬儀が済んだら今度は相続

以前、『国際結婚ハンドブック』（国際結婚を考える会編、初版一九八七年）の出版にもかかわっていたので、夫の本国法によることは知っていましたが、アメリカは州ごとに法律が違います。区の無料相談でわかったのですが、幸いニューヨーク州のものは日本語訳もあるとかで、ネットで見ると、「子どもがない場合は全て妻のもの、ただし不動産については不動産のある地の法律」ということがわかりました。一瞬喜んだものの、日本法によると、「子どもがない場合は、四分の三が妻のもの、残りは被相続人の親または兄弟」ということになります。

ところが、彼の両親は他界しており、きょうだいは三人いるのですが、一人は行方不明、一人は脳梗塞という連絡があったきり、何の音沙汰もなくなっています。残る一人からは、できることはしてくれそうな連絡があったのですが、いろいろ調べていくと、関係者すべての書類がそろわないと不動産登記の名義変更ができず、結局我が家は永遠に夫名義のままになりそうです。でも、固定資産税をきちんと払っていれば家に住むこと自体は問題はなさそうですが、これはこのことに詳しい方からちゃんとした情報をいずれもらわなければなりません。

家は永遠に夫の名義!?

日本ではこのように相続の手続きが煩雑であまりお金にならない土地を残された人は、ちゃんと登記をしていない人が少なくないようです。そのため、近々法律が改正され、名義人が誰かはっきりしない土地には、罰金が科されるそうです。でもいったい誰が支払い対象者になるのでしょう。

そんな不動産法改正の兆しもあって問い合せがものすごく増えているそうですが、手続きをしたくてもできない我が家の場合も多分その罰金の対象になるのでしょう。

相続が発生すると、被相続人（死んだ人）が生まれてから亡くなる時までの住所地を全て繋がるように書類をそろえなければならないそうです。今は郵送でも手続きができるようになっていますが、住民票を取るためにはその都度なにがしかのお金が必要になり手間がかかります。

夫は来日した時は、住民とは認められていなかったので、管理は入管にでもなっていたのだと思いますが、いつの間にか住民票だけは家族（つまり私）と一緒になりました。それ以前のものはどうやって集めれば良いのか気になります。全員の同意を得ることはできなくても、きょうだいたちのうち協力してくれる人からは何かしらの同意書（役に立たなくても）をとっておいた方が良いかもしれませんね。

また、他の会員の場合、遺言書があったので問題なく手続きできたそうです。夫は日頃から「死んだら生ごみで捨てて」などと言い、まったく何も考えてくれていませんでした。これを読んだ国際結婚されている皆様はどうかパートナーと、遺言書を作成することをしっかり話し合ってください。

いずれにせよ、日本で生活していたおかげで、健康保険・介護保険が使えました。アメリカではもっと費用が掛かり、ここまで彼は生きていられなかったと思います。それを思うと日本に住んでいて良かったと思います。

また、この年（二〇一九年）の一二月頃から新型コロナがはやりはじめ、彼がもう少し長生きしたら葬式さえできなかったかもしれないと思うとこれで良かったのかなとも思うこの頃です。

外国人夫死亡による相続手続きの補足

「法務省民二第五五五号」

右記の法律が令和六年四月一日から施行されることになったことで、不動産登記はできないものの相続による権利者として私の名が登記簿に載り一応の決着ができました。

相続人申告が登記簿に記載されたことで、相続人たる所有者として私は物件の利用ができますが、売買はできません。売買するには相続人全員の同意が必要になります。そもそもそれができればきちんと相続登記できるので、おかしな言い方ではありますが。この権利は私の死後、遺産を相続するものがまた手続きすれば同様の扱いとなります。

この法律は、相続人登記が義務化されたにもかかわらず相続人全員一致の相続登記ができない場合に自分だけが単独で相続人であることを申告しておくことで法律違反を免れるという制度です。

相続人の戸籍謄本・住民票、夫の死亡が確認できる戸籍謄本・除籍謄本・死亡届が必要になります。費用は八万円弱でした。

そんなことはありえませんが、彼のきょうだいが日本で住むようなことになった時は、彼らはこの相続手続きをしていないことにより、罰金が科されるのだそうです。

外国人夫が亡くなると

高橋君代（インド）

人は永遠には生きません。配偶者との永別は、国際結婚であろうとなかろうと全ての人に訪れる至極当然な成り行きとは言え、いざ我が身に降りかかってくると、特にそれが突然だと、かなりあわてます。普遍な出来事ではあっても、国際結婚の場合、同国人同士の夫婦とは違った問題が生じ、困ったりびっくりしたりすることがあり、また新しい学びもありました。

私の夫はインド人で、先立たれた同国人の妻との間に三人の娘があり、その子らはアメリカに帰化居住しています。後妻となった私との間にも、また女の子ができ、その娘も日本人のままアメリカで外国人と結婚して暮らしています。夫は、とある国際機関で働いていましたが、退職後も日本に住み続けて趣味やボランティアを楽しんでおりました。晩年は脊柱管狭窄症、膝の置換手術、ペースメーカー埋め込みなど、入退院を繰り返すようになりました。いろいろな不調のため、要支援二の認定をいただき介護ケアなどを受けていましたが、ボケもせず、寝たきりでもないので、自他ともにまだ二〜三年は大丈夫との見通しを持っていたところ、一週間足らずの間に体調が急に悪化して原因不明のまま八八歳の生涯を閉じました。

あまりにも急だったため、呆然自失状態で娘たちを呼び寄せ、葬儀を執り行い役所への事務手続き、年金の手続き、遺産の処理、相続税の申告諸々のことで一、二か月は怒涛のように過ぎました。一〇か月経った今やっと死亡保険金の申請が済み、散骨を残すのみになりました。

日本人同士の場合と違うところ、我が家の場合

・死亡届

自治体に死亡届提出後、死亡証明書を発行してもらいます。その英語訳に公印をもらい、つまり外務省で公認確認というものを受けるか、公証役場で英訳が正しいことを証明する印をもらい、インド大使館に届けると、大使館が死亡証明書を発行し、パスポートを無効化します。パスポート、死亡証明書と大使館発行の死亡証明書は、いろいろな手続きをする際に要求されることがあります。

ところで、葬儀屋さんが提出して、もらってきた自治体発行の死亡証明書に「妻の戸籍に婚姻解消事項を記載されたし」という記載が加えられていました。離婚したつもりはなかったのでびっくりして役所の市民課に訳を聞きに行きました。説明によれば、国際、日本人同士の結婚にかかわらず配偶者が死亡すると婚姻解消の扱いになるそうです。配偶者のどちらかが死亡すると、自動的に戸籍の「配偶者事項」が削除されます。夫は帰化していなかったので日本に戸籍がありません。そこで、私の戸籍にそのこと、つまり「配偶者事項　妻」を削除する必要がある旨の、メモ書きのようなものだったのです。この手続きは、自治体によって異なるようで、私の市ではこのようになっていました。日本人同士の場合は、夫婦別姓を望まない限り、女性が男性側の戸籍に配偶者として、いわゆる入籍するケースがほとんどだと思います。その場合は夫が死亡して婚姻が解消となっても戸籍には残り、夫の姓を名乗り続けることができます。夫の死亡届を出したからといってことさら「婚姻解消」を目

にすることもないのでしょう。これは傷心を逆撫でされるような出来事でした。

・葬儀

夫は救急病院で夜中に亡くなりました。娘と共に呆然としていると、早速提携の葬儀社が現れ勧誘を受けたのでほぼ自動的にお願いしました。夫は特に熱心ではなかったけれど基本的にヒンズー教者でしたので、ヒンズー教のお坊さんをお願いしようかとも思いましたが、お坊さんを探してその方の都合、斎場の都合などを調整する気力もなかったので無宗教で執り行いました。とにかく頼れる家族は、父危篤の知らせを受け、アメリカから二四時間で駆けつけた娘たち以外いませんし、私の娘以外の三名は日本語ができないのでできることは限定的でした。幸いネットで繋がった世の中ですので夫方の親戚への連絡はインドの習慣を心得た娘たちが引き受けてくれたことは助かりました。交代で食事を作ってくれたこともありがたかったです。

葬儀に関わる事務的慣習的なことを完璧に全うする自信もなかったので全てを簡素に、家族葬としたかったのですが、詩吟、民謡、ボランティアなどいろいろなところに首を突っ込んでいた夫ですので、知らせはまたたく間に広がってしまいました。参列者の数も把握が難しく、できる範囲でお香典を辞退することを伝えましたが、徹底されていなかったのでお香料をくださった方も少なくありませんでした。式には、詩吟、民謡、チェロの演奏あり、自発的にスピーチをしてくださる方ありで、葬儀社曰く「てんこ盛り」なお式でした。

他の国際結婚のケースで知る限りでは、アメリカ人の配偶者の宗教に基づいて教会で盛大に執り行い、儀式をネットを通じてライブストリームで配信し、海外の親戚に見てもらったということです。その他、やはり知り合いのインド人で、日本のお寺でした方も知っています。

・お墓

近頃では墓じまいする家族が増えていると聞いています。前述の知り合いのケースは、葬儀は教会で行いましたが、その後戒名もいただき妻の家族のお墓に納骨したということです。我が家は、半分は日本で海洋散骨に、半分はガンジス川での散骨に決めました。日本では、現在散骨に関しての法令はなく他の人に迷惑をかけない範囲で行うようにと役所で助言を受けましたが、専門の業者に頼むことにしました。小型のクルーザーをチャーターし東京湾に散骨しました。またインドに遺灰を運ぶ時は特別な手続きも必要になるようです。

ドイツ系アメリカ人のお連れ合いを亡くした知り合いの場合です。お連れ合いは、特に宗教にこだわりがない方だったそうで、妻の実家の菩提寺に埋葬されました。ご住職（日蓮宗）は外国籍の故人の埋葬を快く承諾してくださり、戒名もいただいたそうです。葬儀は互助会に入っていましたので葬儀斎場にて仏式で滞りなく行ったということです。

東京湾での散骨

・不動産の相続

私たちの場合は、住んでいる夫名義の家と土地が遺産となりました。日本では外国人が死亡した場合、故人の財産の相続は基本的に故人の国の法律に準拠するそうです。後にインドの相続の法律を調べてみたところ、「故人の居住地の法に準拠する」ということです。ということは結局、私たちのケースは、日本の法律によるということでした。当時は、そういう詳しいことも自分で調べず、私の両親の不動産相続の時も全て私自身で行ったという経験があったので法務局に聞けば教えてくれるだろうと安易に思っていました。

日本人の相続登記の場合は、故人の戸籍謄本（法定相続人を確定するため）、法定相続人の戸籍謄本、遺産分割協議書（遺言がある場合は必要ない）、不動産評価証明書、その他でできます。ところがすでにこの時点で問題なのは、大抵の外国人がそうであるように夫には戸籍謄本がありません。とりあえず法務局に電話してみましたが、対応した職員は被相続人が外国籍のケースは初めてでわからないとの信じられない返答でした。今のご時世、日本には沢山の外国人が居住していますし、国際結婚も稀なことではないでしょう。外国人のケースのマニュアルなどは当然あるし、日本以外で戸籍システムがある国はごく一部だという事実ぐらいはもちろん知っていると思っていました。それどころか、大使館で戸籍謄本に代わるものを発行してもらうように、などといいます。代わるものとはたとえば、出生証明書とか亡き前妻との結婚届？　夫が生まれたのは現在のパキスタンであり、そこのどこに出生証明を申請するのだろうか、分離独立の混乱を経てそれらの文書がいまだに存在しているのか、とかインドの役所手続きの煩雑さ、など想像がふくらんで私の脳のキャパをオーバーフローしてしまいました。コロナ禍の真っ只中であったため、直接対面で相談することも拒否され困り果ててしまいました。結果として、知り合いを通して弁護士にお願いしましたが、三〇万円程度で相続手続きを滞りなく済ませてくれました。幸い日本の資産は全て妻に残すという旨の遺言を書いてもらっていました。遺言書はハーグ条約加盟国間でおおむね有効となるそうで、よって夫の遺言書は日本、インドいずれの法律の下でも有効と認められているとのことです。これは大きな助けであったと思います。

「亡きアメリカ人夫の介護保険と相続」（二三二頁）の中村さんの場合は、お連れ合いがアメリカ、ニューヨーク州の出身だったのでそちらの法律によると、不動産の相続に関しては、「故人の居住地の法に準拠する」ということだそうで、法定相続人の財産放棄の書類を揃える必要があり、それができないためペンディング状態なのです。また知り合いの女性は中国国籍のお母様が亡くなった時、相続に際して公証役場で「中国には戸籍があるとはいえ、母の場合は諸々の理由でそれを取ることが不可能です。相続に関して問題が起きてもご迷惑をかけません。責任を取ります」という旨の宣誓供述書を作成したという話も聞いています。

・日本の銀行口座の解約

夫の場合二つの銀行に口座がありました。銀行ごとに必要となる書類が多少違っていました。M銀行では、戸籍謄本に代わるものとして外国人登録原票の写しが求められました。これは入国管理局にある夫の外国人登録の記録です。申請すると一週間ほどで郵送してくれました。その他、遺言書（あるいは遺産分割協議書）、受遺者の印鑑登録の提出が求められました。P銀行では、死亡証明書、遺言書、受遺者の印鑑登録の提出が必要でした。銀行は法務局よりもフレキシブルで、外国人で戸籍がないと言えば便宜を図ってくれました。指示された書類を提出すれば一、二週間で名義変更ができました。

これについてはかなり手間取ったケースもあります。ある知り合いの場合、配偶者の方が山梨県の地方銀行に口座を持っていました。亡くなったことを伝えると口座はすぐに凍結され、解除されるまで約一年ほどかかったそうです。アメリカには日本の戸籍謄本というものがないので家族関係や相続人についてのしっかりとした情報が得られないということで、妻が自費で国際弁護士を雇って戸籍謄本に代わる書類を提出するように言われたそうです。余りにも理不尽なことと思い、「国際結婚を考える会」の会員の場合、つまり私のケースでは、名義変更がスムーズに行われた、ということを相続税担当の税理士に伝え、銀行に話してもらい名義変更ができました。

提出書類：米国大使館発行死亡証明、夫の米国出生証明（日本語訳付）、夫との米国結婚証明（日本語訳付）、結婚から夫が亡くなるまでの妻の戸籍謄本、夫の住民票（死亡時の住所確認のため）、銀行側が用意した念書（相続人確定のためと名義変更後の銀行側の責任回避のため）、遺産分割協議書、印鑑証明（妻、子ども二人）。この方の場合、お連れ合いは遺言書を書いていなかったとのことです。銀行口座は、著名人などの場合死亡を察知すると同時に凍結されることもあるのかもしれませんが、M銀行によれば、死亡を届けない限り勝手に凍結されないとのこと。葬儀費用などがあるので、ある程度は引き出して問題ないが、多額を引き出すと、のちの相続の部分で計算が複雑になるので、あわてる必要はありません。正規の手続きで名義を変更できます。

残された我が身の行く末

夫は病気になっても死んでも、世話をして、看取ってくれる妻がいました。では私がそうなったらどうしようかが次の課題です。我が家の場合一人娘はアメリカで結婚、仕事をしており、日本にはたまに帰るだけで、将来日本に生活の拠点を移すことはほぼないと言えるでしょう。一方私の場合、夫は外国人でしたが外国に住んだ経験もなく、身内も親戚もこちらにいますし、友だちも趣味も社会活動も今住んでいるところにしっかり根付いた人生を送ってきました。これからも健康な間はこの生活が続くと考えますが、もし病気になったら、また足腰が不自由になったら、果ては認知症を発症したらどうなるのかを考えはじめています。去年夫と七二歳の兄を相次いで亡くした経験から、人の命のはかなさを痛感したからかもしれません。これは国際結婚に限った問題ではないとは思いますが、国際結婚の場合は子どもが外国に住むケースも多いかと思います。事実、日本に住む高齢の親が健康でなくなった会員が日本にいる親を見舞ったり、最期に立ち会えなかったりするなどの話を聞きます。それは立場を裏返せば私の将来であるかもしれないと感じます。私の老後のことについて外国に住む娘の負担を少なくする準備をする必要があると日々感じ、老人ホームや任意後見人制度などを調べているところです。

総括してみれば、主な問題は、外国人であることにより戸籍謄本がないことに起因すると思います。また「相続が故人の国の法律に準拠する」（コラム4参照）ということは知っておいたほうが良いと思います。普段から、もしもの時のことを考え遺言書をしたためておくのは外国、日本人同士にかかわらず賢明だと思います。また、家族が遠方であるため臨終に間に合わないなど、不便なことは覚悟の国際結婚、ということでしょうか。

コラム4　国際結婚家族の「準拠法」どの国の法律が適用されるのか

国際結婚に関連する問題が法的に解決されるためには当事者両方の国の「国際私法」が決め手となります。日本では、「法の適用に関する通則法（通則法）」と呼ばれ、外国との法律関係をどの法律で対処するかを定める準拠法です。結婚や離婚、子ども、相続といった法的手続きには欠かせません。

結婚についての通則法

（婚姻の成立及び方式）

第二十四条　婚姻の成立は、各当事者につき、その本国法による。2　婚姻の方式は、婚姻挙行地の法による。3　前項の規定にかかわらず、当事者の一方の本国法に適合する方式は、有効とする。ただし、日本において婚姻が挙行された場合において、当事者の一方が日本人であるときは、この限りでない。

（婚姻の効力）第二十五条　婚姻の効力は、夫婦の本国法が同一であるときはその法により、その法がない場合において夫婦の常居所地法が同一であるときはその法により、そのいずれの法もないときは夫婦に最も密接な関係がある地の法による。

離婚についての通則法

第二十七条　第二十五条の規定は、離婚について準用する。ただし、夫婦の一方が日本に常居所を有する日本人であるときは、離婚は、日本法による。

子どもと親の関係についての通則法

第三十二条　親子間の法律関係は、子の本国法が父又は母の本国法（父母の一方が死亡し、又は知れない場合にあっては、他の一方の本国法）と同一である場合には子の本国法により、その他の場合には子の常居所地法による。

相続と遺言についての通則法

第三十六条　相続は、被相続人の本国法による。

第三十七条　遺言の成立及び効力は、その成立の当時における遺言者の本国法による。２　遺言の取消しは、その当時における遺言者の本国法による。

複数国籍者の本国法についての通則法

第三十八条　当事者が二以上の国籍を有する場合には、その国籍を有する国のうちに当事者が常居所を有する国があるときはその国の法を、その国籍を有する国のうちに当事者が常居所を有する国がないときは当事者に最も密接な関係がある国の法を当事者の本国法とする。ただし、その国籍のうちのいずれかが日本の国籍であるときは、日本法を当事者の本国法とする。

Counterpoint／対位法

——日本で老いを迎える在日外国人のサポートネットワーク

Sae Cardonnel, Amanda Gillis-Furutaka, Rebecca Jennison, Aline Koza（和訳　湯浅佳代）

Counterpointは多文化、多言語のバックグラウンドを持つ長期日本在住の人々から構成されているネットワークです。

現在北海道から沖縄まで住んでいる一三六名のメンバーがいます。メンバーの内訳は一八の違う国籍保持者がおり、日本人、並びに二重国籍者も含まれています。私たちのメンバーは年齢幅がありますが、一生日本で人生を送りたいという共通の理由で集まっています。実は京都在住の立案者たちが現状において、多様な人々のためのサポートが必要であると切実に認識したことからはじまりました。

このグループ名は、メンバーの多様なバックグラウンド、異なったライフステージ、興味や関心や知識があたかもメロディーラインとかタペストリーのステッチのように混ざり合う在りようが、単なる人々の寄せ集めでなく、より素晴らしい状態を作りだしていることに由来しています。

私たちのグループは二〇二二年のLiving on the Edge III conference オンライン会議でプレゼンテーションをした時からスタートしました。この会議は毎年開催され、多様性、平等、多様性の包括活用に関する事項に焦点をあてています。(https://differenceconference.weebly.com) 反響の大きさは嬉しい驚きでした。そしてe-mail コンタクトリストを作り、ウェブサイト開設の運びとなりました。私たちはヘルスケアや加齢分野の専門集団ではないので、それに関するサービスとか専門的アドバイスを提供することはできませんが、独自のデータベースを作りましたので、情報とかリンクを共有することができます。

現在ウェブサイトの言語は英語が中心ですが、将来的には多言語のサイトを目標にしています。そのためには、もっと洗練された有料のウェブサイトを使う必要があるので、これらの制作にかかる費用を会員に少額負担してもらうことになるでしょう。

私たちの長期のゴールはＣｏｕｎｔｅｒｐｏｉｎｔを組織化し、日本語を母国語としない人々のために多言語対応の居住型グループケアホームを実現することです。

2023 年 11 月ハイキングで京都に集うメンバーたち

二〇二三年にコロナ禍が収束してから、京都エリアで実際に集まり、いくつかのイベントを行いました。たとえば、春秋のハイキング、エンディングノートを作る重要性をより深く知るために高齢者情報相談センターを訪問したことなどです。その後、その年にリモート参加あるいは会場出席による会員たちのミーティングで学んだ情報をシェアしました。また二〇二二年から会の進捗を報告するためにLiving on the Edge IV conference に参加し、出席者の前でプレゼンテーションをしました。（https://events.jalt.org/event/3/）

私たちは対面形式で集まれない数か月間はオンラインで話をしたり、討論しました。話題はセルフケア（自分でする指圧、簡単なヨガ実践）から介護保険の仕組みの説明、税金と年金に関してどう対処するかまで多岐にわたっています。またパーキンソン病に罹患して介護保険を利用したことのある男性会員の勇気づけられる個人的体験談は、非常に感動的でした。私たちは多数の会員を擁していますが、オンラインミーティングの参加者は大体二〇名弱でリラックスして、親密な雰囲気で行われています。最近テクノロジーや電気機器類に疑問があればお互いにサポートできるようなオンラインチャットグループを発足させました。そしてオンラインブッククラブも二〇二四年にスタートしました。

北海道多国籍サポートコミュニティ https://www.hokkaidomsc.org/about-us という北海道にある私たちのようなグループとの交流を楽しんでいます。ブッククラブはこの北海道のグループ会員一人とＣｏｕｎｔｅｒｐｏｉｎｔの会員一人が運営することになります。

また「国際結婚を考える会」https://www.kokusaikazoku.com/ から関心を持ってくださり、サポートを得て、非常に感謝しています。この組織から既に多くのことを学びましたし、将来一緒に活動してお互いに学び合う関係になることを期待しています。

そして日本において日本人でない人々が構成している他のグループとも交流を持ちたいと熱望しています。そのグループとはＥｒｕｆａというＮＰＯ法人で介護士を二か国語が話せるように訓練したり、京都の在日一世韓国人とか日本にある他のよく似たグループに二か国語のケアを促進しているグループです。

私たちの最重要目的はＮＰＯ法人になることです。そうなれば、公的に認識されますし、長期のゴールに向かうことが可能になります。私たちの活動に興味のある方は左記のサイトを見てください。http://counterpointjapan.wixsite.com/my-site-6

第五章

第二、第三世代からのメッセージ

異なる国の親を持つ二世、三世にあたる若者たちがそれぞれに暮らしている国で、自分たちのアイデンティティや国籍について考えること、また次の世代の子どもたちへのメッセージがひしひしと伝わってきます。

二つの国で学ばせる

朴沙羅（大韓民国）

はじめに

私は在日コリアンの父と日本人の母との間に生まれた重国籍のハーフ在日コリアンだ。日本人の男性と結婚し、二人の子どもがいる。子どもたちは二人とも、日本国籍しか取得しておらず、私の婚姻を韓国に届け出してすらいない。私は子どもの頃から、京都市内からほとんど出ずに過ごし、京都市内にある大学に通い、最初は京都市内にある大学に勤め、その後は神戸市にある大学に勤めていた。

そんな、ほとんど京都以外のところに住んだこともなかった私だったが、二〇二〇年三月に、私は当時六歳になったばかりの娘と、二歳半の息子を連れて、フィンランドの首都、ヘルシンキに引っ越した。理由は私がヘルシンキ大学で終身契約の仕事を見つけたからだった。できれば日本か韓国以外のところで子育てをしてみたいという希望もあり、私はヘルシンキでの仕事に就くことにした。

子どもたちがフィンランドに入国したのは二〇二〇年三月一六日だった。新型コロナの世界的流行を受けて、私たちは入国した次の日から、一四日間は自宅検疫しなければいけなくなった。しかし、そのあとから子どもたちはヘルシンキにある、ごくありふれた公立の保育園に通いはじめた。

そこから三年経った。二〇二四年秋現在、上の子は日本では小学五年生、下の子は小学一年生だ。

フィンランドでは六歳から一年間、就学前教育を受けるので、学年は日本より一年遅れる。連れ合いが日本で仕事をしているため、大学の授業のない夏と冬の休みには、私たちは日本に戻る。その時、子どもたちはやはりまた地元の保育園と学校に通っている。だから、子どもたちは京都とヘルシンキとで、二か所の学校や保育園を体験している。ここから書くことは、私たちが体験した一校ずつの比較でしかない。だから、日本では全てこう、フィンランドでは全てこう、と大きな話を導く意図は私にない。その上で、日本とフィンランドとで子どもを学校に通わせると、当然ながら、子どもにも保護者にも、良いことも悪いこともある。

二つの国で学ばせるメリット

良いことは、これまた当たり前のことだが、どちらの教育も受けられることだ。日本の小学校に通う子どもは、今のところフィンランドの小学校で学ぶことよりずっと多くのことを、かなり早い進度で学ぶ。まず、漢字という、フィンランドにおよそ存在しないものを学ぶ。

日本語話者は「日本語が難しい」という説を聞いたことがあるだろうが、日本語の難しさは文法や会話にではなく、漢字の読み書きにある。これを実感したければ「一一月一日、私は五日ぶりにお日様を見た」という文を考えてほしい。「日」という漢字は何通りの読み方をするだろうか。日本の学校で教わる算数の進度も早い。なにしろ、単純に授業の時間割を比較して、授業時間が長い四年生ともなれば朝の八時半には学校に着き、六時間ほど授業を受けて、帰宅するのは夕方四時に近い。クラブ活動に参加していれば、帰宅するのは五時を回ることもある。かたや、ヘルシンキで上の子が通っている小学校では、四年生でも週に二三時間程度しか授業時間がなく、そのうえ三時間は図画工作

（絵画・木工・編み物・金属工芸など）だ。上の子は遅くとも午後二時、早い時には一二時に家に帰ってきてしまう。

というわけで、私たちの子どもたちにとって、フィンランドの学校の勉強は、まず日本語で学んだことをフィンランド語で復習するに等しい。言い換えれば、フィンランドの学校の勉強は、今のところ簡単らしい。

フィンランドは「教育大国」？

ときどき、「子連れでフィンランドに住んでいる」というと、「フィンランドの教育は素晴らしいと聞いたが、実際のところはどうか」と質問されることがある。「フィンランド・メソッド」なる言葉を冠した書籍を日本の書店や図書館で見かけたこともある。しかし、フィンランドが教育大国だなどというのは二〇年ほど前の話だ。現在、ＰＩＳＡ（ＯＥＣＤ学習到達度）でフィンランドの小中学生が望ましい結果を得ていないことはフィンランドの教育省も認めており、フィンランドの教育が改革を必要としているというメッセージは、かなり頻繁に報道される。また、フィンランドが上位の結果を示したのはＰＩＳＡだけで、それもシンガポールや台湾といった、アジアの上位成績国がまだＰＩＳＡに参入していなかった時の話だ。要するに、学力の点でいえば、フィンランドと日本の小学校とは比較にならない。

それに、国際的な学力テストの結果が良いことをもって、ある国を「教育大国」と呼ぶのはおかしいと私は思う。私は日本の国内の学力テストで上位に入ったからといって、その学校に自分の子どもを入れたいとは、特に強くは思わない。それより、家から近くて子どもが通いやすいこと、子どもが一人でも複数でも楽しい時間を過ごせる可能性が高いことの方がよほど大事だ。というわけで、フィンランドは「教育大国」などでもないし「フィンランド・メソッド」なるものがあるかどうか私は知らないし、あろうがなかろうが、私にはどうでも良い。

ゴールの違い

私にはそれより興味深いことがある。私が京都の公立の小学校・中学校・高校で受けてきた教育と、いま私の子どもたちがヘルシンキの小学校で受けている教育とは、おそらく教育の目的や達成されるべき人間像が異なる。私は、小学校から高校にかけての教育では、基本的に問題が与えられて、それに対する正しい解答を、なるべく短時間で、たくさん答えるために訓練を受けたように感じる。そのためには、問題の意味を正確に読み取り、指示に適切に従うことが重視される。その指示を出す人間は教員と呼ばれる。

いま子どもたちが受けている教育で、そのような訓練の面がないとは言わない。しかし、それ以外の面が大きい。たとえば、上の子の「母語」（フィンランド語）の授業では、子どもたちは絵を見て何が起こっているのかを描写したり、その後に何が起こるかを書いたりする。あるいは、吹き出しの中が空白になっている漫画を見て、吹き出しの中に言葉を書き入れたりする。

私は授業で、日中平和友好条約の条文や、二〇一五年の安倍内閣総理大臣談話のような、歴史的な文書を読ませ、そこに何が書かれているか、それが書かれた政治的背景は何かといったことを学生に調べて発表させたことがある。すると、学生たちは「高校生の時に同じことを、別の教材でやった」と言った。私はいわゆる史料批判の入門として上記の課題を与えたのだが、彼らはそのような、批判的な読解の訓練を既に受けていた。

つまり、どうやら私の子どもたちが受けていて、私が教えている学生たちが受けてきた教育では、答えを自分で作り、あるいは与えられた答えが本当に正しいものかどうか検討する訓練もなされている。これがどのような人間像を理想としているか、想像するのはそれほど難しくない。彼らはおそらく、子どもの頃から学校で、答えに従うことではなく答えを作ることを求められてきたのだろう。

それから倫理教育も興味深いものがある。フィンランドの公教育において、保護者は倫理教育の中から宗教的なものと非宗教的なもののどちらかを選択できるが、上の子は一年ほど非宗教的な倫理教育を受けていた。これは「人生の見方の知識」という名前で、どうやらある学期には、外見や言語、家族構成などの点で、同級生たちがいかに多様化を可視化するかの活動をしていたらしい。「普通」の子どもや「普通」の「フィンランド人」と「多様」な少数者がいるのではなく、多様なのが普通だと可視化されるこの取り組みには、なるほどさすがに面白いと感心させられた。

二つの国で学ばせるデメリット

大体の物事についてそうだが、良いことと悪いことは、同じ事柄の別の側面であることが多い。この件についてもそうだ。つまり、ヘルシンキと京都の公立の学校で教育を受けることのデメリットは、ひとことで言うと負担が大きいことにある。言い換えれば、日本の勉強についていくのは、子どもたちには大変なように見える。中でも、やはり漢字の読み書きは負担のようだ。

日本に住み、毎日膨大な漢字や漢字を使った語句を目にしなければ、なかなか学ぶのが難しいものなのかもしれない。私は『三国志演義』や『水滸伝』といった、いわゆる「中国もの」が好きな子どもだったが、それでも高校生の時、「東洞院通《ひがしのとういんどおり》」を「とうどういん」と読んでしまい、鉾町に住んでいる同級生に笑われたことがある。日頃はフィンランド語ばかり目にしていれば、意味不明な漢字の読みのハードルは、よりいっそう高く感じられるだろう。

私たちは子どもたちに、「将来、日本の学校に行きたくなった時に、漢字も算数もついていけなかったら困るでしょう」と説得して、勉強させている。私自身は両親から「勉強しなさい」などと一度も言われたことがなかったので、自分が子どもに勉強する理由を伝えなければならないことに敗北感を覚える。しかし、子どもたちが今のところはそれに納得して、漢字ドリルを進め、日本語の国語の教科書を音読し、算数のプリントを解いているのを見ると、私の都合で大変な目に遭わせてしまっている自責の念にかられる。「あれは大変だった」「私たちがこんな酷い目にあったのはお母さんのせいだ」と言われる日が、きっと来るだろう。父親の仕事の事情であちこちに連れていかれる子どもと妻は日本中にたくさんいるが、母親の仕事の事情で同じ目に遭わされる子どもは、おそらくそれほど多くあるまい。私は彼らにこの生活を強制している。慣れ親しんだ場所を離れ、年間三分の一は父親とも離れ、新たに

京都からフィンランドに移り住んだ朴さん。秋以降日照時間が短くなる中、日光に当たる時間を増やすため自転車通勤に（首都ヘルシンキ郊外のアラビア陶器工場を望む）

もう一つのホームを作ろうとあがく生活を。それがどのような結果をもたらすのか、私にはわからない。楽観的な展望を抱くほど、私は私の給与上昇幅も、フィンランドとＥＵの政治・経済状況も、自分自身の人間性も、信用していない。

目的と手段

私は、できれば日本か韓国以外の国で子育てしてみたかった。私は自分自身が日韓ハーフの重国籍で、そのことについて不躾に質問されたり問題にされたりすることに、かれこれ三〇年以上、心の底からうんざりしていた。私は、子どもたちを「日本人」にも「韓国人」にも「在日コリアン」にもしたくなかった。だから、出身地がインドだろうがマレーシアだろうがモンゴルだろうが台湾だろうが日本だろうが、全てまとめて「アジアン」になってしまうところで、子どもを育てたかった。たとえフィンランド人に「アジアン」として、極東から来た黄色いサルとして差別されようと、それは日本人が、植民地支配も差別の歴史も無視して、朝鮮人に「帰れ」と言うこととは違う。私は、子どもたちが後者から逃れられるなら、前者に出会っても仕方ないと思った。

そして今、私は子どもたちが「なにじん」になるのか、皆目見当がつかない。おそらくそれは望ましいことだ。なぜなら、それを決めるのは私ではないからだ。上の子は漢字の勉強に苦労しつつ、韓国語も学び、Ｋ-ｐｏｐのダンスクラブを楽しみ、今年からはスウェーデン語（フィンランドではフィンランド語とスウェーデン語が「国語」にあたる）も学ぶ。彼女はときどき、私に「母ちゃんが子どもの頃、家で私に韓国語で話してくれたら良かったのに」と言う。私はそれを聞いて、嬉しいような申し訳ないような悲しいような、複雑な気持ちになる。そして、彼女は私の持つ、こんな屈託などとは一生無縁に、自分の母親にそんなものが存在することなど知りもせずに、過ごしてほしいと願っている。自分たちはフィンランドにおける移民の家族で、多様なことは当たり前で、自分で答えと問題を設定するのが当然のことだと信じて大人になってほしいと。

私と連れ合いはかつて、親として子どもたちがどのような人間になることを望むかと話し合ったことがある。彼は「善き市民」と答えた。私にとって善き市民とは、他人の話を（自分の目的のためにではなく、ただ他人の話として）聞き、イデオロギーではなく知識に基づいて判断し、自分と他人の権利を守り、自分と社会（制度と人間集団）とを信じ、公共善のために集合行動ができる個人をいう。これは子どもたちにとってのゴールというよりも、私たちにとってのゴールに近い。そのような人に自分を育てるために、フィンランドはそれほど悪い場所ではないと思う。

おわりに

一昨年、京都に帰省していた時、ニュースを見た上の子が、「日本には、おじいさんが偉くなるルールがあるらしいな」と言った。彼女には、旧態依然とした性差別は、日本に独自の謎の風習のように見えているらしい。それで良い。私は彼女たちに、差別など体験せず、立場性などに苦しまず、悪いことを悪いと言い、おかしいことをおかしいと言って、生きていってほしい。日本もフィンランドも、同じように良いところも、悪いところもある。悪いところがあると感じるなら、それは多様な人々と協力して変えていけば良い。この本を書き、読む人たちは、このごく当たり前のことに同意してくれることと思う。そしてきっと、私の子どもたちは、私の彼らへの期待を、良い方向に裏切ってくれると信じている。

「自分は何人？」　私は私

ハワード・フィオナ（イギリス）

私は日本でイギリス人の父親と、日本人の母親の間に生まれた。その当時は、女性差別の父系血統主義の国籍法であったため、私には日本国籍は与えられなかった。日本国籍は、一九八五年の国籍法改正後に取得した。

自分は生涯、二つの「国」を持って生きていくだろうと思う。私の覚えている限り、一度も自分の国籍や「自分は何人だろうか？」などと思い悩んだことはない。私の成長過程を見ていた両親に聞けば、また違う答えが返ってくるかもしれないが。

私と同じような背景を持ち、日本に住みながら自分のアイデンティティについて悩んでいる人たちを思うと、そんなことは全く気にせずに暮らしている私は、少し気まずさを感じることもある。私自身いくつか問題は抱えているけれど、自分が何人かという問いはその中にないからだ。多分それは日本を離れ、多人種や多文化のイギリスで成人して暮らしてきたからだろうと思う。

「国籍」と「自分は何人」かという概念は、交差するが独立したものではないだろうか。両親の国籍、生まれた国、育った文化、その三つの要素が自分は何人か、という疑問に対する答えに大きい影響を及ぼすと思う。だからどこの国のパスポートを持っているかだけでは、簡単に何人と決めつけることはできない……。

「国籍」と「国民性」も同じで、私はイギリス人からみると日本人っぽいところがあり、また、日本人からみればイギリス人みたいなところがありと、両方持ち合せているとよく言われる。でもそれは育った環境の影響で、国籍自体は関係ないことではないかと思う。

たとえば私が好きなイギリス人のコメディアンは、ナイジェリア人の父、ノルウェー人の母をもち、イギリスで生まれ育ち、ユーモアはイギリスそのものである。彼の国籍はイギリスで、ナイジェリアもノルウェーも多国籍を認めていれば取得できたはずだし、三か国の文化が混ざった環境で育ったに違いない。インタビューで、あなたはノルウェー系イギリス人の模範になっているのかと聞かれ、「それはもう何年も前からノルウェー政府代表に認定されていますよ」とイギリス人らしい皮肉たっぷりなユーモアを交えた答えだ。はたから見れば彼はもう十分イギリス人です、としか言えない彼のアイデンティティは、何人が正解なのか。私は日本人らしく、笑わなくても良い時に周りに合せて笑うし、イギリス人から礼儀正しいと思われる。また、笑いのセンスはイギリス人特有のブラックユーモアで、皮肉を言うのが好きである。紅茶はイギリスのミルクティー、緑茶は絶対に日本産のもの。大好物は日本のお米と梅干し、でもトーストにはマーマイトがいちばんだと、どちらかを選べと言われたら、それはできないと言うしかない。

自分が日本人だと感じるのは、やはり食べ物と文化だ。私は日本食が大好きで、読むものも日本語の漫画や小説など、イギリスに移ってからも、電子書籍を活用して読んでいるし、仕事でパッとメモを取る時は日本語になっている。アジアのＤＮＡのおかげか、いつまでも若く見えると言われるのもうれしい。

私の中のイギリス人はイギリス的なユーモア、皮肉っぽさが態度にでている。「モンティ・パイソン」に出会った時、イギリス独特のユーモアと恋に落ち、イギリス人が持つ鋭いユーモアが、私の中にあることを自覚した。日本のお笑い番組を見ていると、知性はどこにあるのだろうと思わずにいられない。

家庭で日本人の母親とも英語で話し、幼稚園や学校で日本語を話して育った結果、自然とバイリンガルになった。多くのミックスの人が経験するように、苗字がカタカナであることや、外見だけを理由にいじめられたこともあった。

そんな中でも友だちができて、日本を離れて三〇余年経った今でも連絡を取り合い、生涯の親友と呼べる友だちも何人かいる。記憶の限りでは、いじめを経験したことによって「純粋」な日本人やイギリス人になりたいと思ったことは一度もなかった。ただ日本では、先生も含めて大人たちが、ありのままの私を受け入れてくれなかったことに、当時は子どもなりに戸惑った。今思えば、人種や文化差別に対する教育や対処はされていなかったことに、怒りを感じる。

私はイギリスに引っ越した時に気がついたことは、自分のルーツが周りと違うことが珍しいことではなくなり、周りにそのままの私が受け入れられたことだ。「フィオナのお母さんは日本人」は単なる事実で、それ以上でも以下でもない。

その反面、日本では「お父さんはガイジン」の私はそれだけで、いじめと人種差別の対象になってしまった。これが私の二つの祖国の「違い」だ。

それでも私は日本が好きだ。伝統を大切にする生活も好きだし、景色、社会の秩序、歴史と文化、人々の優しさが好きである。ホームシックになって数年おきに日本を訪れるけれど、多分、また住むことはないだろう。

イギリスも完璧な国ではない。他の多くの国と同じように、人種差別やヘイトクライムはあるし、他にもいくつか嫌いなところもある。欠陥のある社会であっても、女性は日本よりはずっと平等に扱われている。日本の男女平等の低さ、そしてなぜ今でも改善されないのか理解できない。ＬＧＢＴＱ＋の人たちへの意識の低さも同じで、同性婚が合法にならないことも、遅れた社会だと思う。果たして、二重国籍と同性婚、どちらが先に合法になるのだろうか。

私には八歳の娘がいる。娘は、彼女の母親と祖母が日本出身であり、日本がルーツの一部であることを誇りに思っている。それが彼女をユニークにすることだし、なにより笑顔が日本人のお祖母ちゃんそっくりだ。娘が将来、日本語を習い、日本に住みたいと望んだら、もちろん応援したい。その頃は日本も良い方向に変わっていることを願っている。

私はずっと二つの国を持っていると感じている。その思いはこれからも変わることはないだろう。イギリス人と日本人。どちらでもあり、どちらでもない部分もある、これが私なのだ。

国籍問題とアイデンティティ——日本とブラジルの中位から

ガルシア陽《あきら》（ブラジル）

「半分の日本人」

私のように日本を背景に持つブラジル人は一二〇万人以上存在する。その人たちの多くは「血統的」に日本人の祖先を持つが、血統主義の日本国籍を得ていない。それが二重国籍の私と一般のブラジル日系人の決定的な違いである。

私は生地主義のブラジルで生まれたけれど、母が日本国籍を持っているため、生来から両国と法律上の関係を持っている。重国籍に厳しい日本ではあるが、私はブラジルで育ったため、子どもの頃は国籍についてあまり考えず、自分は仲間のブラジル日系人と同じ「日本人であるブラジル人」だと思い込んでいた。「あんた日本人？」と周りからよく聞かれていたが、その時は「はい」と答えて、相手が国籍ではなく日本人移民の祖先を持つ日系人を指していたことに気付かなかった。ブラジルの日系人は日本と関わりが全くない三世や四世でも「日本人」と呼ばれるので、私はその人たちと同じ仲間であったと思っていた。

だがブラジル日系人と話してみると、なぜか日本に関する印象は全然違っていた。私は母と日本語で話し、家の中ではお箸で食べたり靴を脱いだりしているし、何回か日本へ行ったことがある。私は自分の目で日本を見たことがあった。しかし、多くの日系人にとっての日本は典型的な移民コミュニティの日本、祖父母から伝わった戦前の国や社会であった。私はその人たちと同じ「日本人」ではないことに気付いていった。

そして親族訪問で日本へ行くたび、私は少しずつ自分が日本でいう「純粋な日本人」でもないことにも気付いていった。言葉はわかっても、日本での義務教育を受けていないため読み書きができないのが段々不便になっていき、生まれも育ちもブラジルであるから文化のギャップもあちらこちらであらわになってきた。日本国籍を持っているからには私は「もっと日本人」になるべきだと思いはじめた。それをきっかけに高校の時、日本の祖母の家に一年間住み、日本の高校に通った。私はほかの日本人と関わって自分の中にいる「日本人」の部分を生み出そうとした。法律が定めた国籍が、国と個人を結び付ける紐帯であるなら、私はそれをある種の義務として受け止め、その紐帯を紡ごうとした。

しかしながらその目的の達成は最初から防げられていた。それは私が日本で初めて知った言葉、「ハーフ」の限界だった。日本国籍によって自分のアイデンティティを紡いでみることは、一生懸命頑張っても「半分の日本人」になるのが最大限の成果である。本稿ではその限界についていくつかの点を挙げていきたい。

「ブラジル日系人」とブラジル国籍

ブラジル日系人の由来は、一九〇八年にブラジル東南部の港、サントス港に到着した笠戸丸にさかのぼるが、乗船していた日本人の受け入れは簡単ではなかった。入港の四日後、在東京ブラジル公使館の公使はブラジル政府への報告書に次のように書いた。「日本人は遅かれ早かれ我が国で沢山の不和の原理になるでしょう。日本人は〔中略〕生まれつきの裏切り者、血から我々の敵、永遠に高慢な性格、あらゆる詐欺を招く者だ」[*1]。

ブラジルは一八八八年に奴隷制を廃止したが、労働力不足に伴う移民政策は優生学の影響を受け、上流階級は当時、国の「白人化」を目指していた。奴隷にされていた黒人やその子孫には仕事や教育を与えず、移民募集はヨーロッパ人が対象であった。しかし、当時栄えていたコーヒー農業の人材の需要に対してイタリア人やドイツ人移民が足りなかったため、結果として日本人も政策の選択肢として受け入れられ、特に一九二〇年代からは流れが急激に増えはじめた。だが、日本人移民は白人でなかったため、常に政治家の批判対象になり、やがて一九三四年には法律による入国制限が成立した。戦時中、ブラジルは日本と国交を絶ち、残された日本人（当時約一八万人）は迫害を受けた。

このように戦前の日本人移民とその子孫は「二つのナショナリズム」の間に挟まれ差別の日々を送ったが、戦後になるとブラジル社会と日本の国際的イメージの変化によって立場は少しずつ変わっていく。それはブラジルに存在する人種差別の特徴、いわゆる「人種民主主義の神話」と深く関わっている。この言説は「ブラジル人はみんな友好的な性格を持ち、白人と黒人をはじめ全国民は人種をかえりみずに豊かに共存しているので、人種差別と無関係であるのがブラジルの良いところだ」という考えである。二世をはじめとするブラジル日系人はその社会的構造の中で新たな役割、「モデルマイノリティ」の役を果たしはじめ、大学進学率が比較的高くなり、中流層の一員として描かれはじめる。ただし、ここでいうモデルマイノリティの言説は六〇年代まで法律的に人種差別を行っていたアメ

＊1　TAKEUCHI, Marcia Yumi. *Entre queixas e samurais: a imigração japonesa nas revistas ilustradas (1897-1945)*. 2009. Tese (Doutorado) – Faculdade de Filosofia, Letras e Ciências Humanas, Universidade de São Paulo, São Paulo, p. 54.

リカ合衆国のモデルマイノリティ言説とは違って、人種差別がブラジルに存在しないことを証明しようとする。それは日本人や日系人を外国人の一例として、その人たちがブラジル社会で豊かに暮らしていることを語ることによってある種の同化政策の成功を裏付けようとする言説である。かつて「血から我々の敵」だった日本人移民の子孫は差別を受けずに社会的に上昇した、と説く言説だ。けれど、戦後の日系人の経済的な立場が良くなったにもかかわらず、彼ら・彼女らは未だに「ブラジル人」ではなく、「ブラジル人らしい」とさえ見なされていない。「モデルマイノリティ」としてあり続けるためにはマジョリティとの区別（他者としての扱い）が必要だからだ。よってブラジルの人種差別制のトップに至る白人の地位には及べないし、いくら何世代もブラジルで生まれ育っていても「日本人の顔」をしていたら外国人扱いは当然となる。それは生地主義の国にとってはかなり不思議な現象であり、ヨーロッパ人移民の子孫の扱いと異なる。

人種民主主義の神話はブラジルの国籍に関する規範に深く影響をもたらしてきた。ブラジルは昔から生地主義の国であるけれど、無国籍対策を理由に血統主義も徐々に受け入れてきた。特に一九三〇年代からはブラジル国籍への道は簡単になり、歴史的にその傾向は続いてきた。現在、ブラジルは生地主義と血統主義の両方をほとんど同じように採り、重国籍に緩和的な制度を採っている。それは白人移民の子孫をブラジル人にし、同化を促す政策と理解しても良いだろう。しかし、日本人の子どもの場合、ブラジル国籍を得ることは必ずしも「ブラジル社会」に同化されることを意味しない。

たとえば、ブラジル日系人は国籍がブラジルでも、日常では「日本人」（japonês）と呼ばれるのが普通。そしてもっと普通なのが「ジャパ」（japa）という、略した呼称である。これは常識で差別用語として捉えられていないが、実際には「あだ名」として、呼ばれた人に他者のレッテルを貼り付けている。日常のテレビから見ても、ブラジルの代表的な芸能人や俳優の中には日系人はほとんど存在しない。このように法律上ではブラジル国籍者であって、一生ブラジルに住んでいてブラジル人の文化を身に着けていても、「日本人の顔」の壁を乗り越えない限り、日系人はブラジルを代表できる者として見なされず、本当の「ブラジル人」として扱われない。

ナショナリズムの壁

ブラジルの国籍規範に対して、日本は重国籍防止を重視し、長い間、父系血統主義を主に採っていた。一九八四年の国籍法改正後は、父母両系血統主義に改めたが、同時に国籍選択制度を導入したことによって重国籍者数をなるべく減らすことを目指した。その制度によって、多国のルーツを持つ人は日本国籍の取得と維持を妨げられた。選択制度は、海外で生まれる重国籍者を対象とする留保制度とともに重国籍を防止しようとするが、法律上、日本を背景に持つ人を困らせているのである。出入国・家族の形成・参政権などに不便があると同時に、国籍法はその人たちのアイデンティティを侵害していると、批判する側はよく言う。

重国籍の阻止を奨めるということは、人は複数の国家を背景に持っていても、たった一つの国を選ばなければならないことを意味している。一方、選択制度を廃止すべきだという側は、人は複雑な主体であって複数の国家を背景に持っていれば複数の国籍を持つのが当然であると主張する。「アイデンティティは一つでなければならない」という見解と、「グローバル化の中ではアイデンティティが複数であるのは普通だ」という見解の対立である。だがこの対立はある共通した前提に立つものである。それは、一つの文化や民族に基づくアイデンティティは国家によるアイデンティティであって、国籍で表すべきであるという前提だ。つまり、重国籍に緩和的である派は、「複数の国家を背景に持つ人のアイデンティティは複数の国籍でしか表せない」と訴えている。

ブラジルと日本の対照的な国籍の扱いから私たちは何を見出せるのだろうか。日本国籍法を重国籍に対してもっと緩和的な制度にするということは、「ハーフ」たちを法律上の日本人にすることが可能となることかもしれない。しかし、アイデンティティの社会的扱いの面で見ると、日本社会がその人たちを「日本人」として受け入れるかどうかは信じがたい。それは、ハーフ（半分）という言葉が示唆するとおり、「純粋の日本人」として扱われていない者は常に半ば外国人として見なされているからだ。この点を考えるとブラジル日系人に対する「同化」は、すでにその傾向を明らかにしている。日本人移民の子孫はブラジルの生地主義による国籍取得を利用して、生まれつき法律上のブラジル人であった。日本の血統主義を足すと、その人たちは二重国籍になる可能性があったが、田舎に住んでいた多くの日本人たちは日本領事館まで留保届を出すのが難題であったため、多くの子孫は日本国籍を得ることができなかった。つまり、彼ら・彼女らはほかの国籍を有しない「完全な」ブラジル人である。しかし、この文章の冒頭で書いたとおり、社会の受け入れは法律の受け入れと違って、その人たちは日常的に「日本人」（＝外国人）と呼ばれている。

もちろん、法律はアイデンティティと無関係ではない。私たち

現在、サンパウロ大学法学部大学院生のガルシア陽さん

が生きている世界は国家によって作られた世界だから、国家の枠組みで自己を唱えるのは当然であり、多国の文化を背景に持つ人もそういう必要性があるのかもしれない。けれど、「日本人」や「ブラジル人」になる望みは一生叶うことはないだろう。なぜなら国家形態は民族（ネーション）に基づいているので、民族の同一性は他者との違いから日々再生されているので、国籍は外国人と差を付けることによって国民を定める、近代国家の世界でしか意味を持たない現象である。その仕組みを保つためには、「日本人らしい」特徴や「ブラジル人らしい」特徴を持たない存在は社会的に「日本人・ブラジル人」として見なされてはいけないのである。民族（ネーション）の再生が必要である限り、「ハーフ」は「半分の国民」であり続け、ナショナリズムの壁を乗り越えられない。

国家を超えるアイデンティティ

重国籍を回避する日本の国籍規範は「ハーフ」が日本人になることや日本人で居続けることを妨げているだけではない。もっと深く考えると、国籍法は「国籍」に注目を集め、私たちのアイデンティティをある枠に閉じ込めているのではないだろうか。私たちのアイデンティティが国家でしか表せないなら、それは私たちの願望や夢そのものがすでに操られていることを意味しているのではないだろうか。つまり、国家形態の境界線、「外国人」と「国民」の分別自体に対して挑戦を呼び掛けるはずであった「ハーフ」の存在は、国籍への執着によって国家によって作られた枠に戻されているのではないだろうか。そうなると、日本の「国籍問題」も「国家に基づく「国籍が問題」」であることが明らかになるのかもしれない。

私は法律上日本人であるが、実際には自分は「日本人」になれない。少なくとも心の中でそう思っていても、日常の関わりでは「純粋」ではない「半分の日本人」として見られることを覚悟していなければならない。一方で、モデルマイノリティの柵から出て「純粋のブラジル人」になるのもたぶん不可能である。よって選択肢は一つしかない。それはブラジルと日本という国家に結びつかないアイデンティティを作るということだ。ある意味ではこれは幻想的な発想なのかもしれない。が、一〇〇年以上前に世界の裏からブラジルに渡ってきた日本人移民のことを考えてみたら、歴史の潮流はたびたび変わってゆき、国籍と国家のゆくえも無限の可能性を生んでいることがわかる。「孫の世代」から国籍問題を考えるのも、世代が進んでいるからこそ、もっと先の可能性を見通してみることを意味するのではないだろうか。私たちはもっと先を見て、もっと違う世界を見るポテンシャルを活かすべきだ。

メキシコとアメリカの狭間で自分のアイデンティティを築いてきたグロリア・アンザルドゥアはこう書いたことがある。「私は無であり、誰でもない。だが無の存在でも私は存在だ」。

A veces no soy nada ni nadie. Pero hasta quando no lo soy, lo soy.*2

＊2　ANZALDUA, Gloria. Como domar uma língua selvagem. *Cadernos de letras da UFF*, n. 39, p. 316.

おわりに

一九七九年七月、七人の女性たちが東京で「国際結婚日本女性の会」を立ち上げ、その後、女性だけではなく国際結婚当事者の会として一九八〇年「国際結婚を考える会」に名称を変更しました。しかしながら、活動をはじめた当時も、現在もメンバーはほとんどが女性です。元々の設立の発端が、「なぜ私の子どもたちは日本国籍がもらえないの」という国際結婚をした日本人女性の声でした。会の活動が新聞に掲載され当事者や支援者の輪が広がり、関東周辺だけでなく、大阪、京都、名古屋、福岡、さらに海外在住のメンバーが増えていきました。国籍法改正のための請願活動を展開し、学習会やセミナーを各地で開きました。国際社会では「女子差別撤廃条約」が採択され、日本も八〇年に署名するという大きな動きがあり、八四年の国籍法改正に至りました。しかし「国籍選択制度」という「お荷物」がついており、当会の奮闘が続いていることは第二章でご紹介した通りです。

本書の各章の編集を担当した七人も女性です。会の発足当時からのメンバーが三人、国籍法改正後の会を支えてきたメンバーが四人です。それぞれが会員や関係者に自身の体験談を書いてほしいとお願いし、執筆者が決まりました。執筆者も国際結婚の当事者たちは主に女性ですが、第一章では男性の参加がいただけました。それぞれの方々の経験が異なっていても共感することが多くあるのは当事者だからなのかもしれません。しかし実際は、国際結婚する日本人男性のほうが女性より二倍以上多いのです。ここでの執筆者の関係国は欧米が多いですが、現状では、相手国はアジアや南米、その他の国が増えています。本書ではなかなか「国際結婚」の全体像を描くことができませんでした。しかし、第二章で集められた日本の基本的人権が問われるような排外主義的諸制度に翻弄される当事者たちの生身の経験は、「国際結婚」共通の問題に他なりません。「国際結婚」が特殊な目で見られる時代は過ぎたかもしれませんが、まだ特殊な存在にしているのは政治の貧困のせいなのではないでしょうか。そして、これら当事者たちの個人的経験は社会的な問題でもあるのではないでしょうか。本書が広く読まれ、蓄積された諸問題を共有していただければ嬉しい限りです。

編集委員一同
山内陽子
リード真澄
マリク君代
奥山洋子
湯浅佳代
蒔田直子
もりきかずみ

二〇二四年一〇月

【編者紹介】

国際結婚を考える会 JAIF (Japan Association of Intercultural Families)

1979 年に「国際結婚日本女性の会」を立ち上げ、1980 年より「国際結婚を考える会」に名称変更、2020 年に会の組織改編、2024 年で 45 年目を迎える。海外と日本に住む会員が繋がり、助け合い、共通の問題に取り組むことにより、人々が国籍や文化習慣などの違いにかかわらず、平和に幸せに暮らせる社会の実現をめざす任意団体。

詳しくは　https://www.kokusaikazoku.com

電子版　会報誌「JAIF」発行

著　書　『素顔の国際結婚――外国人を夫にもった女性たちの体験エッセイ集』（1986 年、ジャパンタイムズ出版）、『楽しくやろう国際結婚』（1990 年、明石書店）、『二重国籍』（1991 年、時事通信社）、『国際結婚ハンドブック【第 5 版】』（2005 年、明石書店）

「素顔の国際結婚」の今
——世代をつなぐ国際家族のリアル

2024年12月20日　初版 第1刷発行

編　者　国際結婚を考える会JAIF
発行者　大　江　道　雅
発行所　株式会社 明　石　書　店
〒101-0021 東京都千代田区外神田6-9-5
電話 03（5818）1171
FAX 03（5818）1174
振替　00100-7-24505
https://www.akashi.co.jp/

進行　寺澤正好
組版　デルタネットデザイン・新井満
装丁　明石書店デザイン室
印刷　株式会社文化カラー印刷
製本　協栄製本株式会社

（定価はカバーに表示してあります）　ISBN978-4-7503-5865-9